Runas nórdicas para principiantes

Desvelando los secretos de la adivinación rúnica, la magia nórdica y el paganismo, Ásatrú, rituales, hechizos y lectura de las runas del Futhark antiguo y joven

© Copyright 2023

Todos los derechos reservados. Ninguna parte de este libro puede ser reproducida de ninguna forma sin el permiso escrito del autor. Los revisores pueden citar breves pasajes en las reseñas.

Descargo de responsabilidad: Ninguna parte de esta publicación puede ser reproducida o transmitida de ninguna forma o por ningún medio, mecánico o electrónico, incluyendo fotocopias o grabaciones, o por ningún sistema de almacenamiento y recuperación de información, o transmitida por correo electrónico sin permiso escrito del editor.

Si bien se ha hecho todo lo posible por verificar la información proporcionada en esta publicación, ni el autor ni el editor asumen responsabilidad alguna por los errores, omisiones o interpretaciones contrarias al tema aquí tratado.

Este libro es solo para fines de entretenimiento. Las opiniones expresadas son únicamente las del autor y no deben tomarse como instrucciones u órdenes de expertos. El lector es responsable de sus propias acciones.

La adhesión a todas las leyes y regulaciones aplicables, incluyendo las leyes internacionales, federales, estatales y locales que rigen la concesión de licencias profesionales, las prácticas comerciales, la publicidad y todos los demás aspectos de la realización de negocios en los EE. UU., Canadá, Reino Unido o cualquier otra jurisdicción es responsabilidad exclusiva del comprador o del lector.

Ni el autor ni el editor asumen responsabilidad alguna en nombre del comprador o lector de estos materiales. Cualquier desaire percibido de cualquier individuo u organización es puramente involuntario.

Tabla de contenidos

INTRODUCCIÓN 1

CAPÍTULO 1: CONCEPTOS BÁSICOS SOBRE ÁSATRÚ Y LA
MITOLOGÍA NÓRDICA.. 3

CAPÍTULO 2: HISTORIA DE LAS RUNAS NÓRDICAS Y EL
PAGANISMO 38

CAPÍTULO 3: RUNAS FUTHARK ANTIGUAS Y JÓVENES............ 45

CAPÍTULO 4: EL ÆTT DE FREYA: AMOR, BELLEZA Y CREACIÓN 63

CAPÍTULO 5: EL ÆTT DE HEIMDAL: PERTURBACIÓN, CAMBIO
Y CAOS... 69

CAPÍTULO 6: LA ÆTT DE TYR: VICTORIA, PROTECCIÓN Y
JUSTICIA.. 75

CAPÍTULO 7: LOS DIFERENTES TIPOS DE MAGIA RÚNICA 81

CAPÍTULO 8: CÓMO PRACTICAR LA ADIVINACIÓN RÚNICA... 89

CAPÍTULO 9: GUÍA DE LAS DIFERENTES TIRADAS DE RUNAS 93

CAPÍTULO 10: ¡HAGA SUS PROPIAS RUNAS! 96

CONCLUSIÓN 99

VEA MÁS LIBROS ESCRITOS POR SILVIA HILL 101

REFERENCIAS 102

Introducción

A pesar de tener miles de años de antigüedad, la mitología nórdica sigue siendo uno de los mitos culturales más populares del mundo. La cultura popular la ha abrazado en los últimos años, con innumerables películas, programas de televisión y videojuegos que adaptan directamente o se inspiran en los numerosos relatos relativos al panteón nórdico. Odín, Thor, Loki, Heimdal y Balder se han convertido en nombres muy conocidos. Pero esto solo es una pequeña parte de lo que las antiguas culturas germánica y escandinava tienen que ofrecer.

Las piedras rúnicas y el alfabeto rúnico eran una parte importante de la vida de los primeros paganos nórdicos. Idearon métodos de comunicación escrita utilizando símbolos impregnados de significado, y muchos de ellos sobreviven hasta nuestros días. Estas runas no solo servían para escribir, también podían utilizarse en adivinación y magia rúnica con gran efecto. Aprender a leer runas no es tan complicado como podría parecer a primera vista.

El alfabeto creado por los antiguos nórdicos fue revolucionario para su época. Una vez que pueda comprender los fundamentos de la mecánica del sistema rúnico, todo lo demás encajará en su lugar. Y una vez que comprenda cómo leer estas runas, podrá iniciar su viaje hacia el uso de la magia rúnica para vislumbrar el futuro o manifestar sus deseos.

Mientras que la antigua religión pagana nórdica se extinguió hace mucho tiempo, Ásatrú ha retomado el manto que dejó atrás. Quienes siguen la religión Ásatrú han trabajado para reconstruir sus rituales y sistemas de creencias con la mayor exactitud posible. Si ha estado buscando un significado en este mundo o un propósito para su vida, Ásatrú podría ser su religión. Pone un fuerte énfasis en la comunidad y en vivir en armonía con la naturaleza.

El sistema mágico asociado a las runas nórdicas sigue considerándose un campo esotérico, pero eso no significa que no sepamos mucho sobre él. Significa simplemente que pocas personas han podido profundizar en el tema. Este libro ha reunido muchas partes dispares en una única guía para facilitar el aprendizaje de todos los aspectos necesarios de la magia rúnica.

Una de las cosas buenas de las runas nórdicas es que tienen formas muy sencillas, por lo que es fácil aprenderlas todas sin mucho esfuerzo. A diferencia de otras lenguas pictográficas, como los jeroglíficos egipcios, el cuneiforme o el kanji, las runas nórdicas no son excesivamente complejas ni tienen un número abrumador de caracteres. Los símbolos son muy básicos, pero siguen evocando su significado, por lo que rápidamente empezará a reconocer lo que representan.

Esta guía le enseñará todo lo que necesita saber sobre la religión de Ásatrú, la mitología nórdica y el lenguaje rúnico esotérico utilizado por los antiguos paganos nórdicos. Entenderá claramente cómo funciona la magia rúnica y cómo puede crear sus propios hechizos utilizando las runas nórdicas. Tanto si acaba de iniciar su viaje por la magia rúnica como si es un practicante experimentado, encontrará algo informativo que le ayudará a crecer y a mejorar sus conocimientos.

Capítulo 1: Conceptos básicos sobre Ásatrú y la mitología nórdica

El Ásatrú es una tradición religiosa pagana popular desarrollada en la década de 1970, principalmente en Islandia, por Sveinbjörn Beinteinsson como alternativa al cristianismo, la religión predominante en el país. Está muy influida por el paganismo y la mitología nórdicos, como atestiguan las antiguas sagas folclóricas, conocidas como Eddas, compuestas por poetas tradicionales llamados skalds. Gran parte de estos escritos se realizaron utilizando el antiguo alfabeto rúnico nórdico, también llamado runas del Futhark. Aunque no se utiliza tan comúnmente hoy en día, este lenguaje rúnico fue lo suficientemente popular en su época como para que se utilizara ampliamente en toda Europa, sobre todo en las regiones nórdicas y escandinavas.

La mayor parte de lo que conocemos como mitología nórdica procede originalmente de la Edda prosaica, un libro de texto de cuentos recopilados compilado por el historiador Snorri Sturluson en torno al año 1220 d. C., y de la Edda poética, una antología de poemas más antigua y no atestiguada que Sturluson utilizó como fuente primaria para su obra. A su vez, Beinteinsson se vio muy influido por estas dos colecciones a la hora de elaborar su propio libro que sirvió como inicio del Ásatrú. Las raíces de estos cuentos se habrían transmitido de generación en generación utilizando el lenguaje rúnico del Futhark, que está arraigado en el propio entramado de las historias.

Estas conexiones históricas hacen que aprender el alfabeto rúnico sea una parte importante para desentrañar el poder del Ásatrú. Si le interesa este tema y quiere comprender mejor su significado y cómo pueden trabajar juntas para enriquecer su vida, este es el libro para usted. Siga leyendo para descubrir cómo interpretar y utilizar estas runas y desvelar los secretos de la adivinación rúnica, la magia nórdica y los rituales y hechizos de Ásatrú.

¿Qué es el Ásatrú?

Ásatrú, en su forma más simple, es el culto a los dioses, gigantes y antepasados de la mitología nórdica. Los que participan en el Ásatrú son conocidos como "Asatruar", y su fe en este sistema religioso se llama "Asatrui". El propio nombre se traduce como "creencia en los dioses Æsir". El Ásatrú es una religión politeísta, y a menudo se hace referencia a sus adoradores como "paganos" o "paganos germánicos". Se considera un renacimiento de la antigua religión pagana predominante en la zona durante la era precristiana, que trata de recrear con exactitud el sistema de creencias y los rituales de los pueblos germánicos que existieron desde la Edad de Hierro hasta principios de la Edad Media en Europa.

Uno de los principios fundamentales del Ásatrú es que el mundo que nos rodea es bueno y anima a sus seguidores a vivir en armonía con la naturaleza. Hay que tratar a los demás y a todas las personas con las que interactuamos con respeto, reconociendo la importancia de la felicidad y la prosperidad compartidas. El libre albedrío existe en cada persona, por lo que cada persona posee la capacidad de tener un efecto positivo en el mundo. No existe un curso predeterminado que vaya a tomar la vida de uno, por lo que sus decisiones personales marcan la diferencia en cómo resultan las cosas.

Ser positivo, realizar buenas acciones y ayudar a los demás no es algo que deba seguirse simplemente porque se nos ordene hacerlo, ni porque nos espere una recompensa en el otro mundo. En su lugar, Ásatrú nos enseña a hacer estas cosas simplemente por tratar a las personas y a la naturaleza con dignidad y elevarlas para difundir el amor y el éxito para que todos lo disfruten. Para los Asatruar, es importante cuidar de la familia; todos en este mundo somos una gran familia.

El cambio de las estaciones es también un componente importante de la religión Ásatrú. La idea del ciclo de la vida es fundamental en su sistema de creencias. El nacimiento, el crecimiento, la madurez, la muerte y el renacimiento son cosas que todos experimentamos, al igual que todo en la naturaleza. La transición de una estación a otra representa un aspecto de este ciclo. A medida que el mundo que nos rodea cambia, nosotros mismos cambiamos con él.

La primavera es una época de nacimiento en la que la flora y la fauna comienzan a crecer y a multiplicarse. El verano es el periodo en el que estas cosas maduran, floreciendo en su forma completamente desarrollada, y cuando los animales alcanzan la edad adulta. El otoño anuncia el paso del apogeo del crecimiento al crepúsculo de la vida, cuando se recogen las cosechas y los seres vivos comienzan a marchitarse y a avanzar hacia la vejez. El invierno es cuando todo muere, las hojas y las flores caen a medida que la vida se acaba. Cuando el invierno se convierte de nuevo en primavera, el mundo renace de nuevo para comenzar el ciclo de otra vez.

Cuando se trata de personas, este ciclo puede verse a través de la lente de la historia y la herencia familiar. Nuestros antepasados son importantes y mostrarles el debido respeto nos ayuda a recordar de dónde proceden nuestras líneas de sangre y lo lejos que han llegado. Con cada generación que pasa, la familia se renueva para seguir adelante. El conocimiento acumulado de nuestros antepasados nos es enseñado y, a medida que avanzamos en la vida, añadimos las lecciones de nuestras propias experiencias a lo que transmitimos a nuestros hijos.

El Ásatrú es una religión que fomenta la reverencia por la naturaleza, por lo que el cuidado del medio ambiente es un aspecto de sus creencias que encaja perfectamente con la creciente aceptación e impulso de una vida respetuosa con el medio ambiente. La Madre Tierra cuida de nosotros, así que nosotros, a su vez, debemos cuidar de ella. Permitir que la belleza de la naturaleza prospere para que las generaciones futuras puedan disfrutar de ella es un objetivo al que todos deberíamos aspirar. Si destruimos nuestro mundo, el ciclo de renacimiento cesará. Hay que tratarlo con respeto, no malgastar los recursos innecesariamente y no destruir el delicado equilibrio de los ecosistemas para obtener ganancias materialistas.

La historia de la mitología nórdica

Procedente de las Eddas y de otras fuentes de conocimiento antiguo, la mitología nórdica tiene muchas historias y tradiciones que pueden ofrecer lecciones fundamentales a las personas. Uno de sus aspectos centrales tiene que ver con Yggdrasil, el Árbol del Mundo. Yggdrasil es un enorme fresno que se considera sagrado, ya que estuvo implicado en el nacimiento del mundo, y mantiene los muchos reinos que abarcan los sistemas de creencias nórdicos. Se dice que el propio árbol fue criado por los jötnar, que son una raza de seres sobrenaturales descritos a menudo como gigantes de hielo. Sus ramas sostienen los Nueve Reinos, que incluyen Midgard, nuestro propio reino. Las tres enormes raíces de Yggdrasil están ancladas en Urðarbrunnr, o los cielos, Hvergelmir, un manantial natural de vida, y el Manantial de Mímir, un pozo de conocimiento.

En la mitología nórdica intervienen muchos seres diferentes, entre los que destacan las dos tribus de los dioses, los Æsir y los Vanir. Gran parte de la historia de los dioses incluye guerras entre las tribus, ambas intentando usurpar a la otra como señores supremos de los Nueve Reinos. Sin embargo, a diferencia de la mitología grecorromana, en la que los Olímpicos luchaban contra sus homólogos mayores, los Titanes, para reclamar el poder, los Æsir y los Vanir son contemporáneos entre sí.

En la mitología nórdica se narra todo el ámbito de la vida de los dioses, desde el nacimiento hasta la muerte y el renacimiento. Hay un acontecimiento masivo conocido como Ragnarök, del que se dice que es la batalla final que provocará la muerte de casi todos los personajes principales. El Ragnarök es el ocaso de los dioses, el momento en que todas sus acciones a lo largo de la vida culminan en un torrente insondable de destrucción a través de los Nueve Reinos.

Æsir

Los Æsir son una de las dos tribus principales de dioses de la mitología nórdica. Están liderados por Odín, que es su rey y jefe, y utiliza su vasta sabiduría para gobernar los Nueve Reinos. Entraron en guerra contra los Vanir, ambos compitiendo por la supremacía. Finalmente se reconcilian y unen sus tribus en una sola. Los Æsir habitan en el reino de Asgard, donde Odín, considerado el "padre de todos", o el Todopoderoso, se sienta en su trono y ejerce el dominio sobre el vasto universo.

Gran parte de los orígenes de los Æsir están envueltos en el misterio. Los relatos más antiguos sobre estos dioses describen al padre y a los hermanos de Odín, pero no se revela de dónde proceden ni cómo llegaron al poder. Muchas de las relaciones entre los dioses nombrados son un poco diferentes de cómo se representaron en relatos posteriores, incluido el hecho de que Loki es un hermano adoptivo de Odín, mientras que los hijos engendrados por Odín con gigantas se cuentan como Æsir, a pesar de que esto no se relata en historias posteriores.

La mayoría de los Æsir con nombre constituyen una gran parte de los dioses conocidos de la mitología nórdica, superando en número a sus homólogos de los Vanir por un margen significativo. Además de Odín, también están Thor, Balder, Tyr, Frigg, Bragi, Heimdal, Viðarr, Sif, Ullr, Sigyn y Loki. En la mayoría de las narraciones en las que intervienen los Æsir, se les representa como protagonistas, viendo los acontecimientos a través de su punto de vista, lo que a menudo hace fácil suponer que son los "buenos". Sin embargo, muchos actos terribles cometidos por los Æsir rivalizan o superan a los de sus enemigos. La mitología nórdica está llena de personajes y acontecimientos moralmente complicados, por lo que a menudo no hay un héroe o un villano bien definido.

Vanir

Los Vanir son la segunda tribu de dioses, homólogos de los Æsir. Poseen una gran sabiduría y la capacidad de ver el futuro, un talento que sus rivales intentan utilizar para sus propios fines. Los Vanir habitan en el reino de Vanaheim, y pasaron siglos en guerra con los Æsir antes de que se firmara un tratado de paz entre ambas potencias, que incluía la acogida de varios de los Vanir en la tribu de los Æsir, uniendo a los dos antiguos enemigos.

Una de las Vanir más importantes es Freya, que gobierna sobre Fólkvangr, un campo etéreo. La mitad de los que mueren en batalla son recogidos por la valquiria y traídos aquí. Aunque Freya nació como Vanir, con el tiempo fue entregada a los Æsir, primero como rehén, pero más tarde acogida plenamente en la tribu. La integración de los Vanir permitió a los Æsir hacerse más fuertes, destacando el tema de que la fuerza a través de la cooperación es preferible a la conquista, una lección duramente aprendida por muchas culturas a lo largo de la historia.

Como parte de la tregua que puso fin a la guerra Æsir-Vanir, los Vanir enviaron a algunos de sus mejores hombres, entre ellos Njörðr, Freyr y Kvasir, a su tribu rival y, a cambio, recibieron al consejero jötunn de Odín, Mímir. Fue descrito como el hombre más sabio de Asgard, por haber bebido del pozo de conocimiento que ahora lleva su nombre. Manantial de Mímir. Kvasir era el miembro más sabio de los Vanir, por lo que este intercambio debía ser igualitario, pero los Vanir llegaron a creer que habían sido engañados, por lo que decapitaron a Mímir y lo enviaron de vuelta a Odín, quien realizó magia sobre él para evitar que la cabeza se pudriera, además de reanimarla para que Mímir pudiera seguir aconsejándole.

Ginnungagap

Ginnungagap es el nombre dado al vacío primordial que existía al principio de los tiempos. En algún momento, la parte norte del vacío se llenó repentinamente de hielo y limo, así como de poderosas ráfagas de viento y tormentas de lluvia torrenciales. Al mismo tiempo, la parte sur se encendió con una ráfaga de chispas que prendieron fuego a las masas de materia, y surgieron ríos de magma y fuegos escupidos. De ellos surgieron los dos reinos de elementos primordiales, Niflheim, un reino de hielo antiguo, y Muspelheim, un reino de fuego antiguo.

Cuando el hielo y el fuego se encontraron en medio de Ginnungagap, se puso en marcha la creación del resto del universo. El violento choque de estas fuerzas opuestas comenzó a formar nuevas masas de materia arrojadas al universo físico, y cada nueva creación se convirtió en las primeras formaciones cosmológicas, como Yggdrasil y las antiguas masas de tierra que servirían de base para los Nueve Reinos. El calor de los fuegos de Muspelheim derritió partes de los ríos helados de Niflheim, y el agua envenenada que goteaba de ellos se convirtió en el progenitor de los jötnar de Ymir. Los restos del lugar donde se encontraron el hielo y el fuego se convertirían más tarde en el reino de Hel.

Ymir

Ymir era un gigantesco gigante primordial, antepasado de todos los jötnar. Era capaz de crear vida a partir de su propio cuerpo, como hacer un hombre y una mujer de sus axilas y un horripilante monstruo de seis cabezas de sus piernas. Fue enemigo de Buri, el abuelo de Odín, y acabó matando al progenitor de los Æsir. Odín, a su vez, mató a Ymir, y él y los demás Æsir utilizaron el cadáver de Ymir para crear gran parte del mundo.

De la carne de Ymir, los dioses hicieron la tierra. De su sangre, hicieron los mares. Su pelo se convirtió en los árboles, mientras que sus sesos se convirtieron en las nubes, y su cráneo se utilizó para modelar los cielos. Finalmente, utilizando las cejas de Ymir, Odín creó Midgard, donde moraría la humanidad. Así, de la muerte surgió la nueva vida, personificando la naturaleza cíclica que tan prominentemente aparece en la mitología nórdica y en el sistema de creencias Ásatrú.

Ragnarök

Se dice que el Rangnarök es la batalla final que tendrá lugar al final de este ciclo del universo. El hecho de que solo sea el final de un ciclo y no el fin permanente de todas las cosas es importante, ya que lo diferencia de los escenarios del "fin de los días" planteados en otras religiones, como el Apocalipsis o el Armagedón. Sin embargo, esta batalla final se cobrará las vidas de los Æsir y Vanir más importantes, que perecerán luchando contra las diversas amenazas que surgen para provocar el destructivo final de los Nueve Reinos.

Algunas historias atestiguan que el Rangnarök será anunciado por el canto de tres gallos, uno en los salones dorados del Valhalla, otro en el bosque de Gálgviðr situado en Jötunheim, y otro en el inframundo de Hel. Heimdal soplará el Gjallarhorn, que podrá oírse en todos los reinos, indicando a los dioses que despierten y se reúnan para la batalla. Yggdrasil se estremecerá y dejará escapar un gemido debido al surgimiento de Jörmundgander, la Serpiente del Mundo, de los mares de Midgard. Es lo bastante grande como para que su cuerpo rodee la totalidad de Midgard, e incluso puede tragarse su propia cola, cuya imagen está relacionada con la de un uróboro, que representa la naturaleza cíclica del universo.

Mientras Jörmundgander se retuerce, el océano se llenará de maremotos que chocarán contra la tierra, y envenenará las tierras, haciendo perecer a todos los que viven en Midgard. Esto liberará al Naglfar, el barco de los muertos, permitiéndole transportar una horda de monstruos hacia el este para luchar contra los dioses. Surtr y los jötnar de Muspelheim invadirán también las tierras de los dioses. Llegarán desde el sur, con Surtr blandiendo su gigantesca espada de fuego. Otras amenazas aprovecharán la ocasión para arremeter contra sus enemigos, acosados por todas partes.

Esta es la batalla que todas las almas de los guerreros muertos llevados al Valhalla y a Fólkvangr por las valquirias han estado esperando. Por fin abandonan los salones donde habían estado entrenando y festejando, ayudando a los dioses contra los numerosos enemigos que les atacaban. Presentan una valiente resistencia, pero muchas son asesinadas de nuevo, y esta vez de forma permanente. Las valquirias también se unen a la refriega, cayendo una a una hasta que no queda ninguna. Sin embargo, logran contener a las fuerzas amasadas contra los dioses el tiempo suficiente para que las que quedaron puedan montar un contraataque y frustrar la aniquilación de todos los Æsir y Vanir.

Durante el Rangnarök, Odín es tragado entero mientras lucha contra el gran lobo Fenrir. Víðarr, el hijo de Odín, matará entonces a Fenrir y vengará a su padre, despedazando al lobo y atravesando el corazón de Fenrir con su lanza. Thor va a luchar con Jörmundgander, matando finalmente a la Serpiente del Mundo, pero el esfuerzo le cuesta la vida. El Vanir Freyr intenta detener a Surtr, pero pierde, lo que provoca que el sol se vuelva negro, los mares se traguen la tierra, las estrellas desaparezcan y el vapor y el fuego se eleven a los cielos. Esta es la culminación del Rangnarök, que ve cómo la destrucción llega por fin a su fin.

Después, los dioses supervivientes se reunirán en los campos de Iðavöllr para descansar y decidir qué hacer a continuación. Balder y su hermano Höðr regresan de Hel para volver a vivir felices, con Höðr haciendo las paces por su parte en la muerte de Balder. Para sorpresa de los dioses supervivientes, también hay un puñado de humanos que lograron sobrevivir a la destrucción de Midgard. Los dioses y mortales que quedan pueden entonces reiniciar sus civilizaciones, dando lugar al siguiente ciclo del universo.

Los Nueve Reinos y las Tres Raíces

La tradición cosmológica de la mitología nórdica afirma que los Nueve Reinos incluyen Midgard, Asgard, Alfheim y Ljósálfaheimur, Niðavellir y Svartálfheim, Jötunheim y Útgarðr, Vanaheim, Niflheim, Muspelheim y Hel. Cada reino posee habitantes y características únicas que los diferencian de los demás y unen el entramado general del linaje.

Midgard

Midgard es la Tierra, la perspectiva desde la que contemplamos toda la amplitud de la mitología. El propio nombre significa "recinto medio" en la antigua lengua nórdica, acorde con su papel como reino donde existen y están contenidos los seres humanos. Inicialmente, el nombre se refería solo al muro mágico erigido por Odín para proteger Mannheim, el reino de los hombres, pero ahora se ha entendido como el mundo mismo.

Como hay muchos relatos que describen sus hazañas al defender el reino de los numerosos seres, monstruos y cataclismos que amenazan con destruir el mundo, el dios Thor es visto a menudo como el protector de Midgard. Después de que Jörmundgander sea el primer arrojado a los mares, Thor tiene numerosos encuentros con la Serpiente del Mundo antes de su batalla final. También hay relatos de Thor navegando con los vikingos, utilizando su martillo Mjölnir y su impresionante fuerza para ayudarles en sus hazañas.

Después de que Jörmundgander causara estragos en el reino, los mares terminan por asentarse y florece un nuevo verdor mientras los animales comienzan a hacer su regreso. En última instancia, Midgard renace para servir de hogar a los supervivientes de Rangnarök. Esto enlaza con el tema general del ciclo de la vida y la naturaleza: no importa lo mal que vayan las cosas, siempre habrá algo que sobreviva para reiniciar de nuevo el ciclo. Esto conecta también con las creencias de los ásatrúars sobre el ciclo del renacimiento.

Asgard

Asgard es el reino de los Æsir, que existe en lo alto del cielo y cuenta con grandes salones dorados y resplandecientes, como el Valhalla. Las valquirias, que recorren los campos de batalla de los otros reinos en busca de valientes guerreros, llevan a la mitad de sus pupilos al Valhalla, donde las almas se dan un festín y se entrenan para la próxima guerra que tendrá lugar durante el Ragnarök. El reino está lleno de magia y encantamiento, como las grandes bestias cazadas por las almas de los guerreros muertos. Estos animales son sacrificados y cocinados para los grandes festines, y al día siguiente, son devueltos a la vida para que la caza pueda comenzar de nuevo.

Muchos de los cuentos de la mitología nórdica tienen como escenario Asgard, por lo que es el segundo lugar más utilizado después de Midgard. Gracias a la guía de Odín, la tierra es confortable y está bien custodiada, y solo sufrió alguna brecha significativa durante el Ragnarök. Asgard se describe como un lugar de esplendor celestial, con estructuras etéreas y magníficos salones, todos llenos de impresionantes decoraciones que significan la opulencia y el poder de los Æsir. Otra característica destacada de Asgard es el Bifröst, un puente arco iris que conecta el reino de los dioses con Midgard.

Por ser el hogar de Odín, Asgard puede considerarse el reino principal dentro de los Nueve Reinos. Un buen número de las amenazas a las que se enfrentan los Æsir provienen de los celos de los pueblos de los otros reinos, que ven la próspera Asgard y desean desesperadamente ese poder para sí mismos. Sentarse en el trono de un reino tan deseable es una especie de arma de doble filo para Odín. Por un lado, tiene acceso a una gran magia y a un gran ejército con poderosos guerreros, pero por otro, se ve constantemente acosado por enemigos, por lo que pasa gran parte de su tiempo defendiendo su hogar y sus posesiones.

Alfheim y Ljósálfaheimur

Alfheim es el reino de los elfos. Estos se dividen entre los elfos de la luz y los de la oscuridad, dos variedades de elfos que poseen filosofías y objetivos opuestos. Los elfos de la luz buscan el dominio del sol y luchan por eliminar la oscuridad. Por el contrario, los elfos oscuros odian el sol, buscan destruirlo y envolver todo Alfheim en sombras. Los elfos de la luz son descritos como más bellos a la vista que el sol, mientras que los elfos oscuros son más negros que la brea.

Ljósálfaheimur es otro nombre para este reino, que significa "hogar de los elfos de la luz". A veces se utiliza en lugar de Alfheim para denotar la conquista de los elfos oscuros por sus homólogos. Muchos de los elfos oscuros habitan bajo la superficie de la tierra y solo se aventuran a salir para luchar contra los elfos de la luz. Mientras tanto, los elfos de la luz viven en los salones celestiales de todo el reino. Si los elfos oscuros llegaran a hacerse con el control de Alfheim, arrasarían estas estructuras y borrarían el sol para envolverlo todo en una oscuridad permanente.

La dualidad entre los elfos de la luz y los de la oscuridad representa los lados opuestos dentro del corazón humano, en guerra constante por el control del alma. Las personas deben luchar entre su deseo de hacer el bien y los impulsos más oscuros. Sin embargo, también recuerda el concepto del yin y el yang, dos fuerzas opuestas que viven en un estado de equilibrio. Los elfos de Alfheim luchan constantemente por la supremacía, pero ninguno de los dos bandos derrota nunca al otro. En su lugar, existen en una delicada coexistencia, similar al ciclo del día y la noche.

Niðavellir y Svartálfheim

Niðavellir es el reino de los enanos, mientras que Svartálfheim es el reino de los Svartálfar, que a menudo se interpreta como otro nombre u otra raza de enanos. Se ha descrito que ambos reinos existen dentro del mismo plano, pudiendo viajar a pie de uno a otro. Se dice que esta tierra tiene campos oscuros y grandes salones dorados construidos por los maestros artesanos del pueblo enano. También son conocidos por forjar poderosas armas y joyas de una belleza sin igual.

Algunas de las armas más famosas de la mitología nórdica se forjaron en Niðavellir, incluido el propio martillo de Thor, Mjölnir. Los seres de los otros reinos encargaban a menudo a los enanos que les ayudaran a construir sus grandes salones y estructuras defensivas, incluidas las murallas que protegían cada reino de la incursión de sus enemigos. Algunos relatos afirman que los enanos siempre incluían puntos débiles secretos en sus construcciones que solo ellos conocían para que, si alguna vez fuera necesario, pudieran infiltrarse fácilmente en cualquier otro reino.

Sindri es uno de los enanos más famosos que viven en Niðavellir. Se sabe que su familia o tribu habita en los impresionantes salones dorados que se encuentran al atravesar las tierras. Según las profecías, es en su hogar donde se reunirán los supervivientes del Ragnarök mientras planean su futuro en el nuevo ciclo del universo. No está claro si Sindri estará presente o solo una parte de su pueblo. Sin embargo, este acontecimiento significa la unificación que sufrirán los supervivientes. Una vez que la batalla casi aniquile los Nueve Reinos, los supervivientes se verán obligados a cooperar para reconstruir y repoblar.

Jötunheim y Útgarðr

Jötunheim es el reino de los jötnar, más conocidos como los gigantes de hielo. Se trata de una tierra de grandes montañas nevadas y terreno helado. El entorno de Jötunheim es muy similar al del extremo norte de la Tierra, sobre todo en las zonas de Europa Central y Escandinavia, donde se originaron estos cuentos. Lo más probable es que los autores utilizaran estas tierras septentrionales, cubiertas de hielo y nieve, como inspiración, llevando la imaginería hasta el extremo al crear Jötunheim, imbuyéndola de un peligro de otro mundo al que ningún humano podría sobrevivir jamás.

Los jötnar suelen enfrentarse a los dioses como sus principales enemigos, aunque hay varios casos en los que un dios y un jötunn mantienen una interacción civilizada. Esto incluye cuando Odín visitó a la sabia jötunn llamada Vafþrúðnir y recibió una profecía sobre el destino de mjölnir tras la muerte de Thor durante el Ragnarök. Vafþrúðnir afirma que Móði y Magni, los dos hijos de Thor, tomarán el martillo tras la muerte de su padre. Sin embargo, más tarde, durante la batalla final propiamente dicha, Odín derrotará a Vafþrúðnir en una batalla de ingenio que acabará con la muerte del jötunn.

La Fuente de Mímir, o Manantial de Mímir, se encuentra en Jötunheim, lo que significa que una de las grandes raíces de Yggdrasil también está dentro del reino. A pesar de ser un jötunn, Mímir decidió buscar a Odín en Asgard y ofrecerle sus servicios como consejero, lo que Odín aceptó sabiamente. Se dice que aquellos que beben de las aguas del manantial reciben un caudal de sabiduría y conocimiento, lo que incluye al propio Mímir. Con la esperanza de obtener una porción de esta sabiduría, Odín también sacrificó uno de sus ojos al pozo a cambio de un sorbo del agua. Se le concedió esta petición, pero como solo se le permitió un sorbo, la sabiduría que obtuvo no fue tan vasta como la de Mímir.

Útgarðr, también conocida como los Campos exteriores, es la zona que rodea las fortalezas de los jötnar. Se cree que, tras el Ragnarök, Útgarðr será uno de los pocos lugares que sobrevivirán a la destrucción, continuando albergando una de las tres raíces de Yggdrasil en el próximo ciclo del universo. Hay una ironía en el hecho de que, aunque los jötnar intentaron a menudo invadir Asgard, deseándola por su prominencia dentro de la estructura de los Nueve Reinos, es parte de su propio reino el que acaba sobreviviendo al Ragnarök debido a su conexión con Yggdrasil.

Vanaheim

Vanaheim es el reino de los Vanir, la tribu de dioses rival de los Æsir. Este reino representa las tres características principales de los Vanir, la sabiduría, la fertilidad y el poder de la profecía. Al igual que Asgard, es una tierra impregnada de magia. Los campos de Fólkvangr se encuentran en Vanaheim, y la mitad de las almas de los guerreros muertos son traídas aquí por las valquirias. Freya vigila Fólkvagnr, conservando una conexión con su tierra natal incluso después de unirse a los Æsir.

Hay pocas descripciones disponibles en los textos fuente sobre las características físicas de Vanaheim, pero es lógico suponer que es similar a Asgard, aunque menos magnífico. Esto se debe a que a menudo se representa a los Vanir como en el bando perdedor en su guerra con los Æsir. A medida que sus enemigos ganaban más poder, su reino crecía en opulencia, mientras que el suyo disminuía. Cuando llegue el Ragnarök, Vanaheim será atacada de forma similar a Asgard, y los Vanir lucharán junto a los guerreros de Fólkvagnr contra los invasores.

Niflheim

Niflheim es conocido como el "País de la Niebla", un reino cubierto de hielo primordial y de un espeso y asfixiante miasma. Es uno de los dos reinos creados directamente dentro del vacío de Ginnungagap, que diferencia su entorno helado del de Jötunheim por poseer una antigua forma de hielo imposiblemente frío. Niflheim alberga los ríos de Élivágar, que existían antes de la creación del mundo por los dioses tras la muerte de Ymir. De hecho, se dice que el propio Ymir llegó a existir a partir del veneno que goteaba de los ríos de Élivágar.

Se considera una tierra de los muertos, que comparte algunas características con Hel, pero que es un reino distinto y separado. Sin embargo, la concepción de la muerte en relación con Niflheim es una personificación de los horrores que rodean al estado de no vida. Muchos monstruos terroríficos que surgen de los páramos helados de este reino representan el miedo a lo desconocido, lanzando asaltos incesantes e insensibles contra los vivos. Son un enemigo al que no se puede intimidar ni razonar, y aunque se les puede hacer retroceder durante un tiempo, inevitablemente volverán para atacar de nuevo. Es como la propia muerte, algo que persigue eternamente sus pasos, que solo puede ser alejado temporalmente, pero que acabará por alcanzarle.

En Niflheim también se encuentra el pozo de Hvergelmir, que contiene una de las tres grandes raíces de Yggdrasil. Como tal, al menos esta porción de Niflheim sobrevivirá al Ragnarök. Aunque se desconoce qué será de este reino o de sus siniestros habitantes cuando llegue el próximo ciclo del universo, si queda siquiera una pequeña porción de él, es probable que desempeñe algún papel en la creación de los nuevos reinos venideros. La posición de Niflheim como tierra de hielo primordial puede permitirle servir de base para que brote nueva vida, de forma similar a como se formaron los mundos del ciclo actual. Esto representa otro ejemplo de la naturaleza cíclica tan presente en toda la mitología nórdica.

Muspelheim

Muspelheim es un reino de fuego primordial, creado a partir del vacío de Ginnungagap, como su homólogo, Niflheim. Es el hogar de los gigantes de fuego, liderados y salvaguardados por Surtr, que blande una enorme espada flamígera en su defensa. El entorno de Muspelheim es el de masas volcánicas, ríos de magma y enormes fuegos que brotan hacia los cielos, dejando el aire espeso de humo y ceniza. Ningún ser mortal podría sobrevivir en Muspelheim, e incluso los dioses se muestran reacios a aventurarse en semejante reino.

Los gigantes de fuego que habitan en Muspelheim no están tan bien documentados como los jötnar, y solo Surtr tiene alguna aparición significativa en los primeros relatos de la mitología nórdica. No hay información sobre el destino de este reino tras el Ragnarök, pero los gigantes de fuego desempeñarán un papel importante en la destrucción que se produzca. Dado que gran parte de la ruina que se abatirá sobre los demás reinos procederá de las llamas de la espada de Surtr y del poder explosivo del fuego, cabe suponer que Muspelheim no caerá ante estas fuerzas, ya que la propia tierra de allí está formada por estos mismos elementos. Si sobrevive, entonces, al igual que Niflheim, podrá desempeñar un papel en la formación de los reinos dentro del próximo ciclo del universo.

Hel

Hel es un reino de ultratumba presidido por una diosa que comparte nombre con su dominio y existe en el lugar donde el hielo y el fuego de Niflheim y Muspelheim se encontraron y chocaron en el centro de Ginnungagap. La mayoría de sus habitantes son las almas de los muertos no elegidos por las valquirias para ascender al Valhalla o al Fólkvagnr. Al menos algunos de los dioses también acaban en Hel tras su muerte, siendo los ejemplos más destacados Balder y su hermano Höðr. Brunilda, una figura heroica de la mitología nórdica que ha sido descrita alternativamente como una escudera o una valquiria, también acabó en Hel tras su muerte, llegando en el carro que se utilizó para quemar su cadáver.

A pesar de ser una vida después de la muerte, Hel es también un lugar físico donde los vivos pueden aventurarse si se atreven. Odín hizo un viaje a Hel en una ocasión, durante el cual se encontró con el aterrador monstruo con aspecto de lobo conocido como Garm, que estaba destinado a custodiar la puerta de Hel, de forma similar a como el perro de tres cabezas Cerbero custodiaba las puertas del Hades. Odín llegó disfrazado mientras investigaba las pesadillas proféticas de su hijo Balder. Fue durante este viaje cuando recibió por primera vez las profecías relativas al Ragnarök. Este acontecimiento sacudió al normalmente implacable Odín, y las palabras que le dijeron aquel día atormentaron sus pensamientos desde entonces.

Aunque los vivos rara vez entran en Hel, en realidad es un lugar mucho más habitable que reinos como Niflheim o Muspelheim. Contiene varias grandes salas donde los muertos pueden congregarse e incluso puede acoger al visitante ocasional de otro reino. Cuando Hermóðr, el hermano de Balder, viajó allí en un esfuerzo por conseguir la liberación de Balder, encontró a su hermano sentado en un puesto de honor y pasó una noche confortable en una espléndida sala dorada. Relató que los muertos que moran en Hel tienen un color diferente al de los vivos, pero no puede ofrecer ninguna razón para que esto sea así.

Urðarbrunnr

Urðarbrunnr es el primero de los pozos que contienen una raíz de Yggdrasil. Está situado en Asgard y se considera un lugar extremadamente sagrado. Al borde del pozo se alza una gran sala donde viven las nornas. Las nornas son tres doncellas llamadas Urðr, Verðandi y Skuld, y se dice que moldean o controlan los destinos de los hombres. Son comparables a las tres Parcas de la mitología griega, que cumplen una función similar. Las nornas utilizan el agua y el barro del pozo para mantener la raíz de Yggdrasil, rociándola regularmente para evitar que se pudra o decaiga.

Hvergelmir

Hvergelmir es el segundo de los pozos que contienen una raíz de Yggdrasil y se encuentra en Niflheim. Las aguas de este pozo proceden de los ríos primordiales que se extienden a lo ancho de Niflheim, aunque suelen estar congeladas. Solo cuando el hielo de Niflheim y los fuegos de Muspelheim chocaron, los ríos se derritieron lo suficiente como para fluir libremente. Como Hvergelmir está lleno de esta agua de la creación, la raíz de Yggdrasil bebe aquí de un manantial de vida. También se dice que el pozo está lleno de serpientes y dragones, incluido el villano Níðhöggr.

El Manantial de Mímir

El Manantial de Mímir es el tercero de los pozos que contienen una raíz de Yggdrasil. Se encuentra en Jötunheim y está estrechamente asociado con Mímir. Las aguas de la Fuente de Mímir contienen el poder de la sabiduría, y Yggdrasil se ha imbuido de este poder por beber de él. Mímir y Odín también bebieron de este pozo, aumentando sus ya considerables poderes de percepción y profundidad de conocimiento. Se afirma que beber de la Fuente de Mímir puede hacer que un hombre con una mente menos fortificada se quiebre, haciéndoles enloquecer por el torrente de poder. Cuando Odín, un forastero, solicitó beber del pozo, se le negó hasta que accedió a sacrificar uno de sus ojos a cambio.

Panorama general de los dioses nórdicos

El panteón de los dioses nórdicos puede incluir nombres que le resulten familiares, como Thor, Odín y Loki. Sin embargo, sus historias en la mitología original son muy diferentes de las representaciones modernas, en particular las versiones populares de los cómics y las películas de Marvel. Por ejemplo, aunque sigue considerándose un arma increíblemente poderosa, no hay pruebas de que el Mjölnir tenga el poder de ser devuelto mágicamente a su dueño. Tampoco hay ningún encantamiento en él que impida blandirlo a cualquiera que no sea el digno.

De hecho, la falta de estas dos características es una de las razones por las que una vez fue robado por el jötunn Þrymr, que se negó a devolverlo a menos que le dieran a Freya como esposa. Cuando Thor y Loki no pueden convencerla de que les ayude en una treta para recuperar el martillo, Thor se ve obligado a disfrazarse de ella en su lugar, y Loki se pone el atuendo de una sierva. Cuando la treta tiene éxito, Thor localiza a Mjölnir y debe recogerlo físicamente antes de utilizarlo para vengarse de Þrymr.

Odín

Odín es el jefe de la tribu de dioses conocida como los Æsir y el gobernante de los Nueve Reinos. Los rasgos típicamente asociados a él incluyen la sabiduría, el conocimiento, la hechicería, la poesía, la realeza, la curación, la muerte, la guerra, la victoria y el alfabeto rúnico del Futhark. Se le suele representar con una larga barba gris y un solo ojo, y a menudo flanqueado por sus dos cuervos, Huginn y Muninn. Sus cuervos vuelan a través de los reinos, recopilando información que luego traen de vuelta a Odín, lo que le permite mantenerse al día de los acontecimientos que se desarrollan en todo el universo. Odín también tiene una pareja de lobos llamados Geri y Freki, que suelen acompañarle en sus cacerías.

Uno de los rasgos más notables de Odín es su propensión a ponerse disfraces y viajar en secreto por los Nueve Reinos. Muchos cuentos de la mitología nórdica contienen encuentros con un peculiar nómada o vagabundo que inevitablemente resulta ser en realidad Odín. Este utiliza estas aventuras para dar consejos o poner a prueba al protagonista de alguna manera, incluido su propio hijo, Thor. Una apariencia común utilizada por Odín es la de un viejo y nudoso vagabundo con una barba larga y descuidada que viste túnicas oscuras y sucias, un sombrero largo y puntiagudo y lleva un bastón de madera. Esta imagen ha inspirado varias representaciones populares de otros personajes, como Merlín de los mitos artúricos, Gandalf de "El Señor de los Anillos" e incluso la apariencia moderna de Santa Claus.

El linaje de Odín es poderoso, ya que su abuelo, Buri, fue uno de los primeros Æsir. Su padre, Bor, y su madre, Bestla, sirvieron muy probablemente como jefes de la generación anterior de los dioses, y la guerra con los Vanir comenzó durante su reinado. Odín también tenía dos hermanos, Vili y Vé, que le ayudaron a matar al gigante Ymir. También crearon juntos a los primeros humanos, Ask y Embla. Odín concedió a la pareja un alma y la chispa de la vida, mientras que Vili les dio la inteligencia y el sentido del tacto. Vé les imbuyó los sentidos de la vista y el oído, el habla y la capacidad de controlar su apariencia y expresiones faciales.

En la mayoría de las historias, Odín aparece casado con Frigg, una compañera de los Æsir. Aunque Frigg gobierna a los dioses junto a su marido, más a menudo actúa como consejera, utilizando sus poderes para predecir el futuro y ayudar a guiar las acciones y decisiones de Odín. Tras la muerte de su hijo, se siente consumida por el dolor y regresa a su antiguo hogar en los humedales conocidos como Fensalir. Odín continuó gobernando casi solo después de esto y dependió cada vez más de Mímir para que le aconsejara en lugar de su esposa.

Como líder de los dioses, de forma similar a su homólogo grecorromano, Zeus, Odín engendró muchos hijos. El más famoso de sus vástagos es Thor, pero tiene otros hijos notables, como Balder, Viðarr, Vali, Hermóðr, Höðr, Skjöldr, Sigi, Meili e Hildólfr. Heimdall se atestigua ocasionalmente como hijo de Odín, pero lo más frecuente es que no se indique la identidad de sus padres. Del mismo modo, a veces se dice que Tyr es hijo de Odín, pero normalmente se afirma que su padre es el jötunn Hymir en su lugar. En cualquier caso, Odín ha engendrado muchos hijos para continuar su legado, aunque los más destacados, como Thor, no sobrevivirán al Ragnarök.

El propio Odín está destinado a perecer durante la batalla final. Después de que los Vanir mataran a Mímir, enviando su cabeza a Odín como insulto, Odín utilizó su aptitud mágica para conservar la cabeza con hierbas y luego realizó un hechizo para devolverla a la vida. A partir de ese momento, mantuvo la cabeza incorpórea de Mímir con él para dispensarle sabios consejos y ofrecerle acceso a su extensa amplitud de conocimientos. Odín empezó a consultar a Mímir con más frecuencia cuando temió que el Ragnarök se acercaba rápidamente.

Cuando por fin se produzca la batalla final, Odín luchará contra Fenrir, un lobo enorme hijo de Loki. Cuando llegue el Ragnarök, Fenrir soltará las ataduras que le han mantenido indefenso durante siglos y, una vez libre, descargará su furia por su encarcelamiento sobre cualquiera que esté a su alcance. Odín irá a intentar detener a Fenrir, pero en el transcurso de la lucha, acabará siendo devorado. Sin embargo, Viðarr, el hijo de Odín, matará a su vez al lobo poco después, vengando así a su padre.

Thor

A Thor se le asocia con los truenos, los relámpagos y las tormentas
https://commons.wikimedia.org/wiki/File:Thor%27s_Fight_with_the_Giants_(M%C3%A5rten_Winge)_-_Nationalmuseum_-_18253.tiff

Thor es uno de los dioses más famosos del panteón nórdico. Se le asocia con el trueno, el relámpago, las tormentas, la fuerza, las arboledas sagradas, la fertilidad y la consagración. Thor también es considerado el protector de la humanidad, acudiendo a menudo en ayuda del pueblo de Midgard cuando surge alguna amenaza. Se dice que su aspecto posee una belleza etérea pero también un semblante aterrador, con un par de ojos feroces, pelo rojo y barba pelirroja. Suele mostrarse como una figura corpulenta y musculosa. Debido a su fuerza sobrenatural, puede luchar durante más tiempo y con más fuerza que los guerreros normales y realizar increíbles proezas físicas.

En el mito, Thor empuña el martillo Mjölnir, fabricado por los enanos de Niðavellir e imbuido de poder mágico. Esta arma es infame entre los jötnar, ya que Thor la utilizó para matar a muchos gigantes de hielo a lo largo de su vida. Cuando estrella el Mjölnir contra cualquier cosa, golpea con una fuerza atronadora, arrasando al desafortunado individuo que se encuentra en el extremo receptor del golpe. Está tan entrelazado con su martillo que está dispuesto a todo para recuperarlo cuando se lo roban. Además de Mjölnir, posee un cinturón que le otorga fuerza adicional llamado Megingjörð, y Járngreipr, un par de guantes de hierro necesarios para utilizar todo el poder de Mjölnir.

Thor está casado con la diosa Sif, y juntos tuvieron una hija llamada Þrúðr, que a veces se cuenta como una de las Valquirias. Sin embargo, Sif no es la única mujer con la que ha engendrado un hijo. Ha tenido varias amantes más, entre ellas una jötunn llamada Járnsaxa, que es la madre del hijo de Thor, Magni, y una mujer sin nombre que engendró a su hijo, Móði. No hay pruebas que muestren el destino final de Þrúðr, pero Magni y Móði sobrevivirán al Ragnarök, e incluso recuperarán Mjölnir y lo empuñarán en el futuro mientras ellos y los demás dioses restantes intentan reconstruir los reinos mientras comienza un nuevo ciclo.

Aunque Thor se ha enfrentado a muchos enemigos poderosos a lo largo de los años, Jörmundgander, la Serpiente del Mundo, es su archienemigo. Cuando llegue el Ragnarök, Thor se enfrentará a Jörmundgandr en una contienda tan violenta que su lucha provoca enormes maremotos que se estrellan contra las costas de Midgard. Al final, Thor sale victorioso, matando a la Serpiente del Mundo, pero el esfuerzo es tanto que solo puede dar nueve pasos antes de desplomarse y morir. Es allí, aferrado entre sus manos frías y muertas, donde sus hijos encuentran a Mjölnir y lo reclaman como su legítimo derecho de nacimiento.

Freya

Freya pertenecía originalmente a los Vanir, pero fue entregada a los Æsir como parte del tratado de paz que puso fin a su larga guerra. Se la suele asociar con la fertilidad, la belleza, el amor, el sexo, el oro, la guerra y una variedad especial de magia llamada seiðr que le permite ver e influir en el futuro. Freya ocupa una posición importante dentro del panteón nórdico porque supervisa el Fólkvangr, los campos donde las valquirias entregan a la mitad de los muertos elegidos, que es una de las dos vidas posteriores a las que pueden ir las almas de estos guerreros, la otra es el Valhalla.

Está casada con Óðr, pero este sigue siendo una figura enigmática en la mitología nórdica. A menudo desaparece durante largos periodos de tiempo, lo que hace que Freya viaje a veces por los Nueve Reinos en su busca. Debido a la falta de información concreta sobre Óðr, algunos eruditos han especulado que en realidad se trata de Odín. Los rasgos comunes de comportamiento, como ir a vagar de incógnito, son algo que ambos comparten. Los nombres de Odín y Óðr son muy similares, y existen algunas pruebas etimológicas de que este podría ser el caso. Independientemente de quién sea Óðr, él y Freya son los padres de las hijas Hnoss y Gersemi.

Dentro de los límites de Fólkvangr se encuentra la sala de Freya, Sessrúmnir. Aquí, ella se asegura de que su mitad de los recién llegados tengan sitio en la mesa con el resto de los guerreros muertos que allí habitan. También agasaja ocasionalmente en la sala a los invitados que llegan a sus tierras. Es en Sessrúmnir donde realiza muchos de sus rituales mágicos, en particular los que le permiten vislumbrar el futuro. Freya es considerada una bruja, ya que tiene una gran aptitud para muchas formas diferentes de magia.

Una capa de plumas en posesión de Freya permite a su portador surcar los cielos como un pájaro. Cuando el martillo de Thor fue robado, él y Loki se acercaron a ella y le solicitaron el uso del manto de plumas para encontrar a Mjölnir. Ella asintió y Loki voló para localizar el martillo robado. Cuando regresó, informó a Thor y Freya de que el jötunn Þrymr solo le devolvería Mjölnir si ella era su novia. Thor y Loki la presionaron para que les ayudara en una treta para recuperar el arma fingiendo que había aceptado casarse con él. Ella se enfureció tanto que su collar, Brísingamen, se rompió durante el arrebato. Más tarde, sin embargo, se calmó y ayudó a Thor y Loki ayudándoles a vestir a Thor para hacerse pasar por ella, e incluso le dio el collar reparado para completar la ilusión.

Loki

Loki es una figura complicada dentro de la mitología nórdica. Es hijo de Fárbouti, una jötunn, y de Laufey, una diosa cuya relación con el resto del panteón se desconoce. Es posible que fuera una de las Æsir, ya que más tarde contaron a Loki como uno de los suyos. Su papel dentro del mito cambia con regularidad, ya que suele alternar entre servir de aliado a los protagonistas de los cuentos y actuar como antagonista. No se da ninguna razón para sus constantes cambios de lealtad, por lo que lo que le motiva a veces a ayudar y otras a perjudicar a sus compañeros dioses sigue siendo un misterio.

Está casado con Sigyn, una diosa compañera, y tuvo dos hijos con ella, Nari y Váli. Al igual que los demás dioses, Loki también engendró numerosos hijos con otras mujeres. Sin embargo, el caso de Loki es especial, ya que algunas de sus relaciones fueron con seres poco convencionales. Tres de sus otros vástagos destacan por su importancia: Hel, Fenrir y Jörmundgander, la Serpiente del Mundo. Dos de ellos están muy implicados en las profecías en torno al Ragnarök. Fenrir devorará a Odín antes de ser asesinado en venganza, y Jörmundgander está predestinado a morir en la batalla con Thor, pero a infligir el suficiente castigo durante la lucha como para provocar la muerte de Thor.

Como poderoso practicante de la magia, Loki tiene la habilidad de metamorfosearse, capaz de alterar su forma en casi cualquier cosa o persona. Esto incluye animales, como un lobo, un caballo, un salmón o una mosca. Utiliza esta habilidad para vejar a sus rivales y enemigos, disfrutando al causar problemas mientras está disfrazado. Loki también es un manipulador con talento, que convence a los demás para que lleven a cabo acciones que, en última instancia, les traerán pena y dolor. Durante una de estas series de sucesos, Loki consiguió urdir la muerte de Balder.

Balder, que era hijo de Odín y Frigg, empezó a tener pesadillas proféticas sobre su propia muerte. Para proteger a su hijo, Frigg recorrió a todos los animales y objetos, arrancándoles a cada uno la promesa de que nunca harían daño a Balder. Ahora que era invulnerable, todo lo que entraba en contacto con él simplemente rebotaba en su cuerpo de forma inofensiva. Sin embargo, el muérdago había sido pasado por alto durante los esfuerzos de Frigg, y cuando Loki descubrió este hecho, fabricó una lanza con la madera del muérdago.

Mientras los otros dioses se entretenían lanzándole proyectiles y golpeándole con sus armas, reían al ver que cada uno era desviado sin dejar ni un rasguño en el cuerpo de Balder. Loki llegó con su lanza y se la entregó al hermano ciego de Balder, Höðr. Cuando Höðr lanzó la lanza, esta atravesó a Balder y lo mató. En venganza por este asesinato, Odín engendró un nuevo hijo llamado Váli, que pasó de recién nacido a adulto en un día, y el ahora adulto Váli asesinó a Höðr.

Loki se deleitó en el hecho de que le había costado a Odín no solo un hijo, sino ahora dos. Finalmente, cuando se reveló la verdad de las acciones de Loki, fue castigado atándolo con las entrañas de su propio hijo, Nari. Algunas versiones de la historia afirman que otro de los hijos de Loki fue obligado a ser quien ejecutara a su hermano. Se colocó entonces una serpiente venenosa sobre la cara de Loki y, a medida que el veneno goteaba sobre él, le infligía un dolor inimaginable. A su esposa, Sigyn, se le permitió sentarse junto a su marido y sostener un cuenco entre Loki y la serpiente para recoger el veneno. Sin embargo, cada vez que ella debía ir a vaciar el cuenco, Loki quedaba abandonado a su suerte para soportar el dolor hasta que ella regresara, y se cuenta que provocaba terremotos mientras se retorcía de agonía.

Tyr

Tyr es un miembro de los Æsir, que ocupa una alta posición dentro de su estructura de poder debido a su valentía y habilidad como guerrero. Es hijo de Hymir, una jötunn, y de una madre sin nombre. Es posible que su madre fuera una de las Æsir, lo que explicaría su inclusión entre sus filas. Sin embargo, sin pruebas en un sentido u otro, esto es solo especulación, y podría no poseer sangre Æsir, siendo simplemente adoptado por la tribu como uno de los suyos porque reconocieron su valor.

Una característica notable de Tyr es que carece de mano derecha. Los dioses intentaron atar al hijo de Loki, el lobo Fenrir, debido a la profecía de que los hijos de Loki participarían en el advenimiento del Ragnarök. Sin embargo, seguía rompiendo sus ataduras, lo que obligó a los dioses a encargar a los enanos una atadura más fuerte. Lo que recibieron fue una fina cinta que los enanos insistieron en que era irrompible. Los dioses se mostraron escépticos ante la veracidad de esta afirmación e intentaron persuadir a Fenrir para que les dejara ponérsela. Él se resistió a que se lo aseguraran, señalando que, si podía romper una cinta, nadie se impresionaría por esta hazaña. Pero si no lograba escapar, quedaría a merced de los Æsir.

Los dioses siguieron insistiendo a Fenrir para que se pusiera la atadura, razonando que si no podía liberarse de una cinta, no habría necesidad de inmovilizarlo, ya que habría demostrado no ser una amenaza lo bastante seria para los Æsir. Fenrir les dijo que solo lo permitiría si uno de ellos le metía la mano en la boca como seguro contra los dioses en caso de que intentaran engañarle. Una vez asegurada la atadura a su alrededor, Fenrir intentó romper la cinta, pero no pudo hacerlo. Cuanto más luchaba, más fuerte le ataba. Los otros dioses se rieron del lobo y se negaron a quitarle la atadura, así que Fenrir hizo exactamente lo que había amenazado con hacer, arrancar de un mordisco la mano de Tyr.

Tyr es otro de los Æsir que está destinado a perecer durante el Ragnarök. Al igual que Odín, se enfrentará a Garm, el enorme monstruo con aspecto de lobo que custodia la puerta de Hel. Al final, Tyr será devorado por su enemigo y morirá. Afortunadamente, Tyr podrá infligir una herida mortal antes de morir, impidiendo que Garm se libere y cause estragos entre los supervivientes de la batalla final. Aunque desaparecerá con la mayoría de los demás dioses, aquellos que logren salir con vida le honrarán por su sacrificio, manteniendo un recuerdo para la mano derecha de la justicia que carecía precisamente de una mano derecha propia.

Balder

Balder es un famoso miembro de los Æsir, hijo de Odín y Frigg. Tras una serie de pesadillas que presagiaban su muerte, y que él compartió con su madre, Odín partió en busca de más información sobre estos sueños. Desgraciadamente, fue incapaz de encontrar una respuesta definitiva, por lo que Frigg se encargó de proteger a su hijo haciendo que toda criatura viviente y casi todo objeto jurara no causar a Balder ni el más mínimo daño. Como resultado, era efectivamente invencible. Cualquier cosa que normalmente heriría o mataría a una persona simplemente rebotaba en él, dejándole perfectamente intacto.

Para divertir un poco a sus compañeros de Asgard, Balder les permitía golpearle con cualquier arma u objeto que desearan, ya que nada podía herirle. La gente disfrutaba enormemente con este juego.

Durante uno de ellos, Loki se coló entre la multitud y entregó furtivamente a Höðr, el hermano de Balder, una lanza hecha de muérdago. Resultó que por muy concienzuda que hubiera sido Frigg en su campaña para proteger a su hijo, nunca había conseguido que el muérdago le prometiera no dañar a Balder, lo que significaba que era vulnerable a él. Cuando Höðr arrojó la lanza contra su hermano, esta atravesó su cuerpo y lo mató.

Höðr fue asesinado a su vez por su nuevo hermano menor, Váli, que nació y se hizo hombre en un día, con el propósito específico de vengarse del asesino de Balder. No fue hasta más tarde cuando los dioses descubrieron que las maquinaciones de Loki eran las verdaderas culpables de la muerte de Balder. Sin embargo, se dice que Balder y Höðr se reunieron durante su estancia en Hel, zanjando el asunto entre ellos y renovando su compañerismo. Cuando finalmente termine el Ragnarök, los hermanos podrán abandonar Hel y regresar a la tierra de los vivos, donde ayudarán a guiar a los supervivientes en la transición de un ciclo del universo al siguiente.

Frigg

Frigg es una de las Æsir, asociada a la clarividencia, las profecías, el matrimonio y la maternidad. Es la esposa y consorte de Odín, así como la madre de Balder. Cuando no se encuentra en los salones de su esposo, reside en Fensalir, un salón situado en una zona de Asgard cubierta de humedales. Muchas fuentes indican que Frigg puede vislumbrar el futuro, un poder que ella considera tanto un don como una maldición. Conocedora de los infelices finales que muchos de sus compañeros dioses están condenados a encontrar, a menudo se guarda sus conocimientos para sí misma, no sea que intenten frustrar el destino y causen más miseria y dolor.

Al igual que otras figuras femeninas importantes dentro de un panteón de dioses en otras religiones, Frigg es vista a veces como una diosa "Madre Tierra", que fomenta el florecimiento de la flora y proporciona una profunda conexión con la naturaleza. Puede hablar con animales, plantas, flores y árboles, que es la forma en que intentó evitar la muerte de Balder. Podían darle información que le permitiera cuidar mejor de todo lo que la rodeaba, tomando las sugerencias de la flora y la fauna e incorporándolas a su rutina diaria. Los practicantes de Ásatrú siguen sus pasos, guardando un gran respeto por el mundo natural y trabajando para vivir en armonía con él en lugar de explotarlo en busca de recursos innecesarios.

Freyr

Freyr es un dios que forma parte del panteón nórdico, siendo miembro de los Æsir. A menudo se le asocia con la paz, la prosperidad, el placer, la fertilidad, la virilidad, la realeza sacra, el sol, el buen tiempo y las buenas cosechas. Es el hermano gemelo de Freya, ya que ambos nacieron Vanir, pero más tarde fueron entregados a los Æsir tras el tratado de paz entre las tribus. En lugar de un caballo, Freyr monta un gran jabalí fabricado por los enanos llamado Gullinbursti, y su barco, Skíðblaðnir, está imbuido de magia para que siempre tenga vientos favorables y pueda plegarse y guardarse en un bolsillo para su custodia.

El cuento más famoso de Freyr detalla cómo se enamoró de una mujer jötunn llamada Gerðr. Ella solo accedió a casarse con él si renunciaba a su espada mágica, a lo que él accedió a regañadientes. Como la última persona que poseyó la espada era sabia, esta podía seguir luchando por sí misma, pero esto no ayuda en nada a Freyr cuando se ve obligado a luchar contra el gigante de hielo Beli. En su lugar, consigue matar a su enemigo con una cornamenta de ciervo. Por desgracia, como Freyr ya no tiene su arma, está destinado a encontrarse con Surtr en la batalla y perecer ante la enorme espada flamígera del gigante de fuego.

Heimdal

Heimdal es un miembro de los Æsir encargado de vigilar las fronteras de Asgard para advertir a su pueblo de cualquier posible invasor. Vive en Himinbjörg, que se encuentra cerca del Bifröst, lo que le permite ver a todo aquel que intente entrar o salir de Asgard utilizándolo. Se dice que cuando llegue el Ragnarök, Heimdal será testigo de la quema del puente arco iris. Con sus agudos sentidos, es el vigilante perfecto, capaz de ver grandes distancias y oír hasta el más sutil de los sonidos.

La descripción más común de Heimdal es que es el más blanco de todos los dioses y tiene una dentadura de oro. Tiene un cuerno llamado Gjallarhorn que, cuando suena, puede oírse en todos los reinos del universo. Su caballo, Gulltoppr, tiene una crin dorada, a juego con el color de los dientes de Heimdall. A lo largo del mito, mantiene una relación antagónica con Loki, y ambos están predestinados a matarse mutuamente durante la batalla final.

Hel

Hel es la soberana del reino que comparte su nombre, pero no nació allí. Se la ha descrito como si tuviera dos mitades distintas, una negra y la otra del color de la carne. Esto hace que sea fácil reconocerla, ya que a menudo luce en su rostro una expresión severamente abatida y de aspecto feroz. Originalmente, Hel era una de las hijas malogradas de Loki, pero cuando Odín se enteró de una profecía que implicaba a los hijos de Loki causando estragos en todos los Nueve Reinos, ordenó que todos estos niños fueran reunidos y llevados ante él. Su intención era acabar con ellos antes de que tuvieran la oportunidad de empezar, pero sus esfuerzos fueron finalmente infructuosos.

Jörmundgander, el primero de los hijos de Loki que apareció en las profecías del Ragnarök, fue arrojado a los profundos mares que rodean Midgard. El segundo hijo es Fenrir, un enorme lobo que fue encadenado con ataduras irrompibles, condenado a permanecer en este estado hasta el advenimiento del Ragnarök, cuando finalmente escapa. Hel, la última de los tres niños, fue expulsada de Asgard por Odín y se vio obligada a asumir el manto como gobernante del inframundo. Esto la amargó hacia Odín y la hizo renuente a realizar alguna vez algo que pudiera ayudarlo.

Parte del castigo que Odín impuso a Hel fue encargarle que proporcionara un lugar para las almas muertas que le fueran enviadas. A diferencia del Valhalla y el Fólkvangr, Hel no recibe las almas de los guerreros sino las de aquellos que mueren por enfermedad o vejez. A pesar de haber sido enviada al inframundo y de haber sido hecha responsable de sus habitantes en contra de su voluntad, Hel posee una colección de grandes mansiones con altos muros y enormes puertas para ofrecer a su pueblo una cómoda vida después de la muerte. Su propio salón se llama Éljúðnir, y aquí pasa gran parte de su tiempo.

Hel tiene en su poder varios objetos mágicos con características especiales, entre ellos un plato llamado Hambre y un cuchillo conocido como Hambruna. El umbral de entrada de su salón se conoce como Tropiezo-Bloqueo, su cama es la Cama-Enferma, y sus cortinas son los Fardos relucientes. Su sirvienta principal es Ganglati, nombre que significa "caminante perezosa", mientras que también tiene una sirvienta llamada Ganglöt, que tiene el mismo significado que Ganglati. No hay mucha información sobre lo que pueden hacer exactamente estos artefactos, pero es de suponer que su naturaleza mágica ayuda a Hel a llevar a cabo sus responsabilidades a la hora de gobernar sus dominios.

Aunque se presenta como un antagonista para muchos de los protagonistas de los Æsir, Hel no es una villana directa. Cuando el hermano de Balder, Hermóðr, viajó al reino de Hel en un intento de recuperar el alma del dios muerto, Hel lo recibió cordialmente, alimentándolo y dándole un lugar donde pasar la noche. A la mañana siguiente, Hermóðr le rogó que le permitiera llevarse a Balder a casa, relatándole cómo todos los Æsir lloraban la muerte de Balder. Ella le dijo que si todos los seres del mundo, vivos y muertos, lloraban por Balder, este podría regresar a Asgard. Sin embargo, si alguien se niega a llorar, entonces Balder tendrá que quedarse en Hel.

Desgraciadamente, una jötunn llamada Þökk arruinó las posibilidades de Balder al rechazar los intentos de Hermóðr de hacerla llorar. Al final, Hel reclama al dios muerto, que se verá obligado a permanecer en el inframundo hasta el final del Ragnarök. Cuando llegue la batalla final, Loki, el padre de Hel, aparecerá en el campo de Vígríðr con un ejército de las almas muertas atrapadas en los dominios de Hel. Tras una gran batalla, Loki y Freyr se matarán mutuamente, mientras que el destino de Hel y su pueblo queda ambiguo. Sin embargo, como diosa de la muerte, es probable que vea una afluencia de nuevos cargos y posiblemente desempeñe un papel en el ciclo venidero.

Cronología del Ásatrú

Sveinbjörn Beinteinsson nació el 4 de julio de 1924 en Borgarfjörður, un fiordo del oeste de Islandia. Publicó por primera vez una colección de rimur, o versos rimados, en 1945, que inició un interés de por vida por la antigua religión pagana de su tierra natal. Desarrolló el Ásatrú lentamente a lo largo del tiempo, acumulando un conjunto de creencias fundamentales que constituirían los principios principales de su nueva religión. A medida que su nuevo movimiento crecía en tamaño, sus seguidores comenzaron a realizar Launblót, u ofrendas secretas, al panteón nórdico de dioses y diosas. A lo largo de su vida, Beinteinsson hizo campaña para que el gobierno islandés reconociera el Ásatrú como religión legítima, logrando finalmente el éxito en la década de 1970.

Como la mayoría de las religiones, Ásatrú tiene un calendario de fiestas, festivales y otras celebraciones que tienen lugar a lo largo del año. Algunas de ellas las comparten con otras tradiciones paganas, especialmente las asociadas a fechas de festividades naturales, como los equinoccios y los solsticios. Sin embargo, muchas fiestas son exclusivas del Ásatrú y celebran a individuos que poseen los rasgos y valores que se espera que sus seguidores tengan en alta estima. A continuación, encontrará un resumen del calendario litúrgico Ásatrú.

Fechas clave del calendario Ásatrú

Enero

9 - Recuerdo de Raud el Fuerte: Raud el Fuerte fue un jefe noruego asesinado por el rey de Noruega, Olaf Tryggvason, a finales del siglo X cuando se negó a convertirse del paganismo al cristianismo. Se recuerda que la ejecución de Raud fue especialmente brutal: le introdujeron por la garganta el extremo de un cuerno de metal que luego llenaron de serpientes. El otro extremo del cuerno se calentó, obligando a las serpientes a huir y asfixiar a Raud hasta la muerte.

14 - Þorrablót: Fiesta de mediados de invierno celebrada en Islandia en honor de Thor y Thorri, este último un antiguo espíritu invernal islandés. Los seguidores del Ásatrú realizan un blót, o sacrificio de sangre, a estas dos figuras.

31 - El Disting / Disablót: Un par de festivales que se celebran conjuntamente, como se hacía tradicionalmente en la Escandinavia precristiana. Disablót es un blót para honrar a los espíritus femeninos conocidos como dísir, que a menudo sirven como protectores de los seres mortales. Las valquirias también pueden ser honradas durante el Disablót, ya que desempeñan papeles similares en la mitología nórdica. El Disting es un mercado anual que se celebra durante la misma época en que los antiguos paganos de Suecia celebraban una asamblea, conocida como "thing", llamada el Thing de todos los suecos. El thing original servía como el momento en que los líderes de toda Suecia podían reunirse para discutir el gobierno de su país y promulgar nuevas leyes, según fuera necesario. Al igual que el Disting moderno, el Thing de todos los suecos se celebraba al mismo tiempo que el Disablót.

Febrero

2 - Barri: Este festival honra el cortejo entre Freyr y Gerðr. Freyr es un dios de la fertilidad y Gerðr representa a la Madre Tierra. Barri es el momento de buscar bendiciones para la próxima temporada de siembra.

9 - Recuerdo de Eyvind Kinnrifa: Eyvind Kinnrifa fue torturado y asesinado por Olaf Tryggvason por negarse a convertirse, al igual que Raud el Fuerte. En el caso de Eyvind, le colocaron un brasero de metal lleno de carbones encendidos en el estómago, dejándole agonizar mientras moría lentamente.

14 - Fiesta de Váli: Una festividad en honor al hijo de Odín que creció desde bebé hasta la edad adulta en un solo día. Recuerda a la antigua fiesta romana de Lupercalia, celebrada el 15 de febrero para purificar la ciudad y promover la salud y la fertilidad.

Marzo

9 - Recuerdo de Olver el Mártir: Olver el Mártir, también conocido como Olver de Eggja, fue un líder pagano que continuó organizando sacrificios clandestinos al panteón nórdico, a pesar de los numerosos decretos del rey Olaf II prohibiendo tales actividades. Un hombre llamado Thoralde informó al rey de la continua práctica del paganismo en el reino. Mientras se encontraba en la aldea de Maerin y supervisaba los preparativos del sacrificio de primavera, Olver fue sacado de su casa y asesinado por los hombres de Olaf. Muchos otros paganos también fueron masacrados durante la siguiente purga, tristemente, sus nombres se han perdido para la historia, pero su memoria también se honra en este día.

21 - Ostara/Encuentro de verano: Ostara es una festividad celebrada en el equinoccio de primavera y es una fiesta wiccana adoptada por Ásatrú. El Summer Finding ("Encuentro de verano") es igualmente una fiesta pagana que se celebra en el equinoccio de primavera. Estas celebraciones marcaban el comienzo oficial de la estación de crecimiento, el deshielo de las heladas invernales y la estación del renacimiento. Se conocen como festivales del fuego porque el fuego es un componente importante de las festividades, utilizado para representar al sol.

28 - Día de Ragnar Lodbrok: Ragnar Lodbrok fue un vikingo legendario y rey de Dinamarca y Suecia. Destacó por ser pagano, negándose a convertirse al cristianismo, y llevó a cabo incursiones contra las Islas Británicas y el Sacro Imperio Romano Germánico, lo que le reportó mucha fama y fortuna.

Abril

9 - Recuerdo de Håkon el Grande: Håkon el Grande, también conocido como Håkon Sigurdsson, fue un jarl noruego que llegó a convertirse en el gobernante de facto de Noruega. Ayudó a Harald Bluetooth de Dinamarca contra el Sacro Imperio Romano Germánico y su gobernante, Otón II. Håkon era un firme creyente en el panteón nórdico, incluso después de que Harald Bluetooth le obligara a bautizarse y enviara un grupo de clérigos para acompañar a los hombres de Håkon en su partida de Dinamarca. Cuando Håkon envió a los clérigos a tierra y zarpó, Harald consideró que esto rompía su alianza. Más tarde, una flota invasora danesa conocida como los Jomsvikings intentó atacar Noruega, pero el ejército de Håkon los derrotó en la batalla de Hjörungavágr.

15 - Sigrblót/Sumarsdag: Este festival celebra el comienzo oficial del verano según el calendario islandés antiguo. Sigrblót era específicamente un sacrificio de sangre a Odín realizado para bendecir los próximos viajes de los primeros navegantes paganos y vikingos. Sumarsdag es una fiesta agrícola que busca bendiciones para los cultivos del año en curso, asegurando que permanezcan sanos y tengan un rendimiento abundante en la época de la cosecha.

22 - Día de Yggdrasil: Se trata de una festividad destinada a honrar la importancia de Yggdrasil, el Árbol del Mundo, en la tradición mitológica nórdica. El Árbol del Mundo nos proporciona a todos seguridad, sabiduría y vida, por lo que muchos paganos quieren tomarse el tiempo para dar las gracias a Yggdrasil.

31 - Noche de mayo/Walpurgisnacht/Noche de Walpurgis: La Noche de Walpurgis es una festividad común a la mayoría de las variantes del paganismo moderno, a pesar de ser una fiesta cristiana celebrada en honor de Santa Walpurga. En las versiones Ásatrú de las celebraciones, se encienden hogueras por la noche y muchos jóvenes recogen el verdor y las ramas que se utilizan para adornar las casas de la aldea local. Por sus esfuerzos, se les paga con huevos. Esta fiesta también marca el final de la primavera y el comienzo del verano para las culturas paganas.

Mayo

1 - Primero de mayo: El Primero de Mayo marca un periodo de gran celebración en toda Europa, ya que los campos han empezado a reverdecer y florecen las flores que salpican el paisaje con salpicaduras de color. La diosa Freya está asociada a este día y se la honra por su papel como figura de la Madre Tierra. Hay un tema importante de nacimiento y renacimiento en el Primero de Mayo, que incluye hacer regalos, cantar canciones y los bailes del mayo.

9 - Recuerdo de Gudrod de Gudbrandsdal: Gudrod era un líder pagano de la zona de Noruega conocida como Gudbrandsdal. Fue muy vocal sobre su aversión al cristianismo, llamando públicamente tirano al rey Olaf e instando al pueblo a resistirse a la conversión. Al final,

Gudrod fue encarcelado y le cortaron la lengua como castigo por su insurrección.

20 - Frigga Blót (Blót a Frigga): Este festival celebra a la diosa Frigga, jefa de los Æsir y esposa de Odín. En este día se hacen blóts en su honor, agradeciendo a la Madre Tierra la prosperidad de la primavera y pidiendo que continúe la buena fortuna a medida que cambian las estaciones y llega el verano.

Junio

8 - Día de Lindisfarne: El Día de Lindisfarne celebra el aniversario de la incursión llevada a cabo por los vikingos en el año 793 d. C., en la misión cristiana situada en la isla de Lindisfarne, también conocida como la Isla Santa. El objetivo de los vikingos era destruir la misión, impidiendo más conversiones al cristianismo y permitiendo que la fe pagana permaneciera intacta. Este día también se consideró el inicio oficial de la Era Vikinga.

9 - Recuerdo de Sigurd el Asesino de Dragones: Sigurd fue un héroe legendario en el paganismo germánico, famoso por matar al gran dragón Fáfnir, recuperar el tesoro de los nibelungos y engañar a la escudera Brynhild para que se casara con el rey Gunnar.

21: Solsticio de verano: El Midsummer (Fiestas Juninas) se celebra en el solsticio de verano, marcando el punto medio del año y el día más largo del año. Las hogueras, los cantos, los bailes y los discursos son formas tradicionales de celebrar el solsticio de verano. También suele haber grandes banquetes y la quema de muñecos de maíz. También es un día para honrar al dios Balder, cuya vida fue trágicamente truncada gracias a las maquinaciones de Loki.

Julio

9º - Recuerdo para Aud la Sabia: Aud la Sabia era hija de un rey noruego que se casó con Olaf el Blanco, un rey vikingo del mar que conquistó tierras en Irlanda y Escocia durante el siglo IX. Después de que Olaf muriera en batalla, Aud se hizo a los mares, convirtiéndose finalmente en una de las primeras colonizadoras de Islandia. Ella y sus hombres reclamaron grandes extensiones de tierra, y Aud alcanzó prominencia como gran jefa. Debido a que exhibía rasgos que son distintivos de una líder amada, siendo de voluntad fuerte, decidida, digna y noble, los asátrúars la veneran por estos aspectos de su carácter.

29 - Día de Stiklestad: Este festival honra a los héroes de la Batalla de Stiklestad. Ocurrida el 29 de julio de 1030, la batalla vio cómo Harald

Sigurdsson derrotaba a las fuerzas de su hermanastro, Olaf Haraldsson, más conocido como el rey Olaf II. Olaf murió durante los combates, dejando el trono libre para que Harald lo reclamara. Esta victoria fue vista como un gran golpe contra la incursión del cristianismo, y hasta su muerte en la batalla de Stamford Bridge, Harald gobernó Noruega como rey pagano.

Agosto

1 - Freyfest/Freysblót/Lughnasadh/Lammas: La celebración combinada de Freyfest (o Freysblót) y Lughnasadh (llamada Lammas por los cristianos) es una fiesta de la cosecha que marca el final del verano. Es un momento en el que la gente da gracias por la cosecha de ese año, y los primeros granos cosechados se suelen hornear en una hogaza de pan que se sacrifica o se come como parte de las celebraciones. En algunas tradiciones, se cuece en el pan una imagen del dios Freyr. Este pan es un sacrificio simbólico, ya que Freyr es un dios de la fertilidad. Otros dioses y diosas venerados durante este festival son Thor, su esposa Sif, Freya y Frigga. A estas dos últimas se las suele honrar en su papel de Madres de la Tierra, mientras que a Thor y Sif se les da las gracias como dioses de la cosecha.

9 - Recuerdo de Redbad, rey de los frisones: Redbad fue el último gobernante independiente de Frisia antes de que los francos llegaran a dominar la región. Iba a ser bautizado por un monje, pero interrumpió la ceremonia para preguntar qué destino les esperaba a sus antepasados. El monje le respondió que, como paganos, estaban en el infierno. Redbad canceló entonces el bautismo, declarando que preferiría reunirse con sus antepasados en el Infierno que pasar la eternidad solo en el Cielo con una manada de mendigos. Con este fin, expulsó a todos los misioneros cristianos de su reino y gobernó como un rey pagano hasta su derrota por Pipino de Heristal en la batalla de Dorestad.

Septiembre

9 - Recuerdo de Arminio, jefe de los queruscos: Arminio es recordado como un gran comandante que unió a las tribus germánicas contra el Imperio Romano hacia el año 9 d. C. Arminio dirigió a las fuerzas germánicas unidas contra tres legiones romanas en la Batalla del Bosque de Teutoburgo, y las tribus aniquilaron a las legiones. Su éxito se debió a que había sido entrenado por el ejército romano mientras estaba retenido como rehén para asegurar el buen comportamiento de su padre, por lo que estaba familiarizado con las tácticas y debilidades de las legiones.

21 - Encuentro de invierno/Festival de otoño/Haustblót: Son las fiestas que se celebran en el Equinoccio de Otoño. Se encienden hogueras y, en la época precristiana, se sacrificaba ganado en ellas. En los tiempos modernos, los sacrificios que se hacen son meramente simbólicos, incluyendo la quema de imágenes o efigies de ganado. Es una época en la que hay que empezar a reunir y almacenar alimentos para el próximo invierno.

Octubre

8 - Recuerdo de Erik el Rojo: Erik el Rojo, también conocido como Erik Thorvaldsson, fue un explorador nórdico al que se atribuye la fundación de Groenlandia. A lo largo de su vida, Erik permaneció fiel a los dioses nórdicos, incluso después de que su esposa se convirtiera al cristianismo y se negara a dormir en la misma cama que su marido pagano para presionarle a que se convirtiera también. Es el padre de Leif Erikson.

9 - Recuerdo de Leif Erikson: Leif Erikson fue un explorador nórdico como su padre y se le atribuye la fundación de Vinland. Se cree que llegó a Norteamérica siglos antes que Cristóbal Colón.

14 - Álfablót: Se trata de un festival que honra a los elfos realizando sacrificios para ellos. Las mujeres de un hogar solían llevar a cabo los rituales paganos precristianos para Álfablót. La observación de Álfablót era muy secreta dentro de cada hogar, por lo que los invitados no eran bienvenidos durante este tiempo, y los detalles de los rituales realizados no se compartían con extraños. La veneración de los antepasados también tenía lugar durante este festival.

31 - Noches de invierno/Vetrnætr: Se trata de una festividad dedicada a Freya y al dísir. Marca los últimos días del otoño y el comienzo del invierno. Los rituales de celebración incluyen verter una libación de cerveza, hidromiel o leche sobre la tierra como ofrenda a los dioses y a las dísir. Las Noches de Invierno incluyen una celebración del parentesco, dando las gracias a las personas de su vida que le importan.

Noviembre

9 - Recuerdo de Sigrid la Altiva: Sigrid era reina de Suecia y el rey Olaf Tryggvason la persiguió con la intención de casarse con ella. Sin embargo, cuando Sigrid dejó claro que no tenía intención de apartarse de los dioses de su padre y convertirse al cristianismo, Olaf la golpeó con su guante. La respuesta de Sigrid fue informar tranquilamente a Olaf de que su insulto acababa de costarle la vida. A continuación, desempeñó un papel decisivo en la formación de la alianza que finalmente acabó con Olaf.

11 - Fiesta de los Einherjar: La Fiesta de los Einherjar honra a las valquirias y a los guerreros caídos elegidos por ellas para morar en el Valhalla o Fólkvangr hasta el Ragnarök. Se llevan a cabo rituales ceremoniales para dar gracias a estos héroes, y muchas religiones paganas modernas como Ásatrú también animan a honrar a los héroes de nuestro tiempo.

27 - Día de Weyland el Herrero: Esta festividad pretende celebrar al gran artesano de los dioses, Weland el Herrero. Un ritual que suele llevarse a cabo en este día implica el sacrificio de herramientas, como martillos, tenazas o cinceles. Aunque no es una festividad importante, el Día de Weyland el Herrero ilumina a los artesanos que se afanan en construir las cosas que utilizamos a diario.

Diciembre

9 - Recuerdo de Egil Skallagrímsson: Egil Skallagrímsson fue un guerrero poeta, berserker, hechicero y granjero que vivió a principios del siglo X. Era un devoto de Odín, negándose a adorar a cualquier otro dios que no fuera el rey de los dioses. Su ferocidad en la batalla solo era igualada por las conmovedoras palabras de sus composiciones poéticas. Egil era un hombre de contradicciones, a veces se comportaba como un monstruo vicioso y sanguinario, mientras que en otras ocasiones, podía ser muy amable y generoso. Su conexión con el Ásatrú proviene de su profundo interés por las runas y el dominio de la magia que consiguió con su uso.

20 - Yule/Yuletide/Midwinter (Solsticio de invierno): Este festival es uno de los más importantes del calendario Ásatrú. Celebra el punto medio del invierno, denotando que estamos a medio camino de la oscuridad. Las actividades típicas que se realizan durante la Yuletida incluyen cantos, bailes, banquetes y la matanza ritual de un jabalí como sacrificio a los dioses. A menudo se intercambian regalos y se cuelgan luces de colores u otros adornos para combatir el hecho de que es el día más corto y la noche más larga del año.

31 - Noche de Reyes: La fiesta de la Noche de Reyes marca el final de los doce días de Yule. Se corresponde con la Nochevieja, y las celebraciones son muy similares, incluyendo la toma de resoluciones para el año venidero. Las fiestas de la Noche de Reyes ejemplifican la idea del gran ciclo, ya que un año termina mientras uno nuevo está a punto de comenzar. Mientras un año muere, nace el siguiente, y el tiempo continúa como siempre.

Capítulo 2: Historia de las runas nórdicas y el paganismo

La religión pagana de los países nórdicos y escandinavos se remonta a la era precristiana y se desarrolló durante la época clásica y la Alta Edad Media. Los seguidores del paganismo eran devotos de los dioses y diosas del panteón nórdico, y se resistieron a los intentos de los primeros misioneros cristianos de convertirlos. Este choque de creencias religiosas fue una de las principales causas de los violentos conflictos entre cristianos y paganos, en los que cada bando estaba plenamente convencido de que su religión era la correcta.

Mientras que el cristianismo disponía de la Biblia para guiar su sistema de creencias, los paganos recurrían a una fuente diferente para su convicción religiosa, las runas. No tenían ningún libro que codificara sus rituales, oraciones, historias y estructura de culto. Utilizaban las runas para guiar sus acciones, y los primeros paganos no dudaban en absoluto de que el poder y la sabiduría de las runas les encaminarían por la senda correcta. Con el tiempo, las runas se convirtieron en un alfabeto que podía utilizarse para la comunicación escrita, lo que amplió enormemente la capacidad de los paganos para difundir sus conocimientos y creencias en un área más amplia.

El mayor problema de los cristianos con el paganismo era el culto a un panteón politeísta. En el cristianismo, solo hay un Dios, y solo Él creó el mundo y vigiló a su pueblo desde un trono celestial. Los paganos creían que había muchos dioses, cada uno con su propia esfera de influencia y aspecto del mundo al que se podía rezar para pedir ayuda en esa parte de su vida. Por ejemplo, hay dioses de la guerra, la fertilidad, la poesía, la artesanía, el amor, la sabiduría y la cosecha. Dependiendo de su oficio o de las actividades a las que se dedicara en ese momento, rezaría y ofrecería sacrificios a un dios diferente, y todos ellos estaban estrechamente emparejados en importancia y poder.

A medida que se extendía el cristianismo, sus dirigentes intentaron absorber a los paganos adoptando sus festivales y suplantando a sus dioses por homólogos similares de su colección de santos. Sin embargo, esto no siempre tuvo éxito, ya que los paganos seguían adorando a sus dioses y festivales de la forma a la que estaban acostumbrados y apenas prestaban atención a los aspectos cristianos. Al final, se convirtió en un escenario de "nosotros o ellos", y estallaron guerras entre los gobernantes que se habían convertido al cristianismo y los que se negaban a renunciar a su religión ancestral.

Paganismo nórdico

Los orígenes del paganismo nórdico están enraizados en los sistemas de creencias de los pueblos germánicos que vivieron durante la Edad de Hierro, y la religión continuó desarrollándose sin trabas hasta la llegada del cristianismo a Escandinavia. Al principio, muchos reyes escandinavos se convirtieron al cristianismo para ganar poder militar y hacer crecer sus economías. Fue una decisión puramente pragmática para la mayoría de los reyes, y siguieron adorando a sus dioses en secreto.

Algunos paganos intentaron hacer concesiones, incorporando al dios cristiano como parte de su panteón en lugar de tener que elegir uno sobre el otro. Aunque algunos puristas criticaron esta decisión, creyendo que ceder ante los cristianos en absoluto equivalía a rendirse y era un insulto a sus propios dioses. Sin embargo, esto acabó ayudando al paganismo nórdico, ya que la integración de los dioses cristianos y nórdicos convirtió la influencia del paganismo en parte integrante de las tradiciones religiosas de la región.

Sin embargo, el paganismo nunca fue erradicado por los cristianos y muchos mitos, poemas, folklore, arte y rituales de ambas religiones se vieron influidos mutuamente. La influencia más obvia del paganismo en el cristianismo puede verse en la festividad de la Navidad. La mayoría de los eruditos sitúan el nacimiento de Jesús a finales de la primavera o principios del verano, pero debido a la importancia de Yuletide para los paganos, los cristianos empezaron a celebrar su nacimiento a finales de diciembre para que coincidiera con la temporada de Yule. Ahora, Yule y Navidad se utilizan casi indistintamente, con cualquier diferencia entre las dos fiestas casi olvidada.

Uso de las runas

Cuando el paganismo nórdico comenzó a desarrollarse durante la Edad de Hierro, las historias y los rituales se transmitieron oralmente. Sin una fuente de fácil consulta como la Biblia cristiana, era imposible encontrar una versión definitiva de las tradiciones paganas. Hay retazos de estos primeros aspectos de la religión en las imágenes y símbolos dejados en las piedras rúnicas o en los monumentos dedicados a los dioses o a los compañeros paganos que murieron, pero estos solo ofrecen una visión de las rutinas cotidianas de los paganos nórdicos originales. A veces se desentierra alguna reliquia o artefacto que puede ayudar a rellenar las lagunas, pero con frecuencia, los estudiosos e historiadores siguen haciendo en su mayoría conjeturas para reconstruir sus vidas.

Gran parte de la información sobre el paganismo nórdico procede de los registros históricos romanos y de escritores como Tácito o Julio César. El interés de los romanos por documentar otras culturas y preservar este conocimiento para las generaciones futuras suele ser la fuente principal de muchas civilizaciones contemporáneas. Sin embargo, también existen algunas fuentes escandinavas, principalmente la Edda Poética y la Edda Prosaica de Snorri Sturluson. También están las sagas islandesas, como Hávamál, Heimskringla y Landnámabók, que ofrecen más información sobre la vida de los antiguos paganos.

Creencias en el Paganismo Nórdico

Aunque existen innumerables variaciones de los sistemas de creencias paganas nórdicas, hay algunos puntos en común en todas las permutaciones. Algunos de los aspectos más importantes de las religiones paganas nórdicas incluyen:

Politeísmo

El politeísmo es el culto a múltiples deidades, a diferencia de una religión monoteísta como el cristianismo o el judaísmo, que solo reconocen a un único Dios. A pesar de ser más poderosos que los humanos normales, los dioses y diosas del panteón nórdico poseen algunos rasgos, emociones y personalidades muy propios de los humanos. Tienen problemas derivados de las relaciones interpersonales y experiencias vitales similares a las de los humanos, como casarse, tener hijos y enfrentarse a la muerte. Las personalidades enfrentadas conducen al conflicto, y los dioses y diosas disputan entre sí o buscan vengarse de sus deidades compañeras por los agravios cometidos contra ellos. Lo que diferencia al panteón nórdico del Dios judeocristiano es que tienen tanto talentos como defectos, en lugar de ser figuras omnipotentes y omniscientes de la perfección.

Las deidades del paganismo nórdico se dividen en tres grupos distintos:

- Los Æsir, como Odín, Thor, Sif, Balder y Frigga, se centran en la sabiduría y la justicia
- Los Vanir, como Freya, Freyr y Njörðr, se centran en la magia, la fertilidad y la naturaleza
- Los jötunn (gigantes de hielo) y los gigantes de fuego representan las fuerzas primordiales del fuego y el hielo que causan el caos y la destrucción

Animismo

El animismo es la creencia de que todas las cosas, personas, animales, vida vegetal, objetos inanimados e incluso palabras, poseen un alma viva. Esto se ejemplifica en la historia sobre los intentos de Frigga de proteger a su hijo Balder de su muerte profetizada. Ella viaja físicamente y conversa con animales, plantas, flores, árboles y objetos, haciéndoles prometer que nunca causarán daño a Balder. La creencia en el animismo promueve una mayor colaboración en el culto y una relación equilibrada entre el hombre y la naturaleza.

Culto a los antepasados

El culto a los antepasados es un aspecto importante del paganismo nórdico, y a menudo se considera que venerar a las generaciones pasadas tiene el mismo significado que el culto a los dioses. Un hogar pagano celebraba a menudo conmemoraciones para sus antepasados comparables a los grandes festivales dedicados a dioses y diosas individuales. Los paganos creen que mantener el contacto con los antepasados de su familia era necesario para asegurar el bienestar de su familia, ya que sus antepasados les ofrecerían las bendiciones y protecciones más inmediatas. Sin embargo, también hay un elemento de temor en el culto a los antepasados, ya que si no se les venera adecuadamente, se corre el riesgo de traer mala suerte a su familia, y sus antepasados pueden incluso perseguirle.

Las hilanderas del destino

En la mitología nórdica, las nornas controlaban el destino tanto de los hombres como de los dioses. La relación de los paganos con el destino es complicada. Su actitud hacia el destino puede verse en los relatos del panteón nórdico cuando se acerca el Ragnarök. En lugar de luchar contra su destino profetizado como algunos de los héroes de la mitología griega, como Edipo o el rey Acrisio, cuyos esfuerzos por frustrar sus destinos acabaron conduciendo directamente a cumplirlos, los dioses nórdicos afrontan su final de frente, tratando de mantener su honor en su última batalla.

Sin embargo, esto no significa que se rindan a sus destinos de buena gana. Se esfuerzan con todas sus fuerzas por sobrevivir, pero nunca huirán de una lucha, aunque sepan que es en la que están destinados a morir. La única historia famosa de un dios o diosa que intenta socavar el destino es la de Frigga y Balder. A pesar de sus esfuerzos, Frigga no consigue evitar la muerte de su hijo, y pierde otro hijo cuando Höðr es asesinado por matar a su hermano, a pesar de ser un accidente urdido por Loki.

La vida después de la Muerte

La vida después de la muerte en el paganismo nórdico está influenciada por las que se ven en la mitología nórdica. Dependiendo de sus acciones o de su posición en la vida, acabará en una de las diferentes vidas después de la muerte, incluyendo el Valhalla en Asgard, Fölkvangr en Vanaheim o Hel. Las valquirias pueden elegir a los guerreros que mueren honorablemente en batalla para que asciendan al Valhalla o a Fölkvangr. Otros que mueren por enfermedad o vejez son enviados a Hel. Sin embargo, aunque comparte un nombre similar y un concepto básico con el Infierno cristiano, la versión nórdica de Hel no pretende ser un lugar de tortura. En última instancia, independientemente de su vida después de la muerte, participará en la batalla final durante el Ragnarök.

Prácticas religiosas

Las prácticas religiosas del paganismo nórdico se llevan a cabo para ayudar a su sociedad a sobrevivir y someterse al proceso de renovación.

El ciclo de la vida es un factor importante que guía estas prácticas, ya que la creencia en una progresión natural de nacimiento, madurez, muerte y renacimiento es una piedra angular de la religión. Esto puede verse claramente en la Rueda del Año, que compone las fiestas y festivales anuales celebrados por los paganos. A medida que las estaciones pasan de una a otra, se observan los festivales que marcan estos puntos de transición, con bendiciones y sacrificios realizados a los dioses o diosas apropiados para reforzar su posición actual dentro del ciclo.

Gran parte de la vida de un pagano nórdico primitivo transcurría en la búsqueda de alimentos suficientes para que ellos y sus familias sobrevivieran. Por eso muchos de sus festivales implican aspectos agrícolas. Los paganos querían asegurarse de que cuando plantaran sus cultivos en primavera o los cosecharan en otoño, tendrían una cosecha abundante que les serviría de sustento durante todo el invierno venidero. En aquella época de la historia, si no se conseguía comida suficiente para aguantar hasta la primavera, podía muy bien significar la muerte. No había supermercados donde comprar alimentos. Sin técnicas agrícolas industriales, era raro que alguien cosechara mucha más comida de la que necesitaría, lo que significaba que no se podía depender de recibir comida extra de nadie más.

La cría de ganado era otra forma de obtener alimentos, pero se trataba de una fuente limitada, ya que una vez sacrificado un animal y procesada la carne, había que invertir en nuevo ganado y esperar a que madurara para poder sacrificarlo. El ganado se consideraba un bien extremadamente preciado, por lo que sacrificar un animal a los dioses era un acto de fe tan significativo. Un pragmático argumentaría que usted está desperdiciando un animal perfectamente bueno que podría alimentarle a usted y a su familia y que es más probable que sucumba al hambre. Sin embargo, los paganos lo veían como una inversión. Si demostraban su dedicación a los dioses renunciando a un animal, serían bendecidos con una buena fortuna que superaría los beneficios de un solo animal.

Una alternativa al sacrificio animal es el sacrificio de un objeto o alimento que sea importante para usted. Las armas, las joyas, el pan, el vino, la cerveza y el hidromiel son opciones comunes para los sacrificios, ya que todas estas son cosas que una persona podría utilizar por sí misma, pero las entrega voluntariamente para demostrar su fe en los dioses. Sin embargo, no tiene por qué tratarse necesariamente de un objeto físico. Renunciar a algo que le gusta hacer, como beber alcohol, jugar a videojuegos, las carreras callejeras o ir de compras, también puede considerarse un sacrificio si lo hace en nombre de un dios o una diosa.

Runas nórdicas

ᚠᚢᚦᚨᚱᚲᚷᚹ ᚺᚾᛁᛃᛇᛈᛉᛊ ᛏᛒᛗᛚᛜᛞᛟ
fuþarkgw hnijïpRs tbemlŋdo

Runas con traducción al español
https://commons.wikimedia.org/wiki/File:Old_Futhark_Runic_alphabet.JPG

La fuente original de las runas nórdicas procede de la evidencia de un alfabeto rúnico en la Piedra Kylver, una piedra rúnica sueca que data de principios del siglo V. El alfabeto que aparece en la piedra se conoce como Futhark Antiguo y fue el alfabeto rúnico dominante hasta la adopción del Futhark Joven alrededor de los siglos VII y VIII. A medida que el Futhark joven se fue imponiendo, algunos aspectos de las otras runas, sobre todo de las que no se trasladaron al nuevo alfabeto, se perdieron con el tiempo. Ahora, hay ciertas cosas que solo podemos adivinar, como ciertos sonidos, permutaciones o fuentes de inspiración.

Lo que diferencia a los alfabetos Futhark de algo como el alfabeto latino es que, aunque cada runa realiza las funciones típicas del lenguaje que realizan las letras de otros alfabetos, también representan a ciertas personas, objetos o conceptos. A cada letra del alfabeto latino se le asigna una característica determinada que determina su papel en la lengua escrita o hablada; tomada por sí sola, cada letra es simplemente una letra, y nada más. No ocurre lo mismo con las runas, que pueden utilizarse individualmente para transmitir un mensaje concreto en función de su significado.

Otro aspecto único del alfabeto Futhark es el uso de las runas para la magia. Algunos estudiosos creen que el campo de la magia conocido como seiðr utilizaba las runas para ayudar a vislumbrar el futuro e incluso a veces controlarlo. También hay muchos casos en los que el uso de una runa específica se hace deliberadamente para invocar esta magia rúnica, y sirven como una forma de encantamiento. Esta parte de la erudición rúnica está mucho menos estudiada que las funciones más básicas del lenguaje que poseen, por lo que resulta un tanto misteriosa y se pasa por alto.

Capítulo 3: Runas Futhark Antiguas y Jóvenes

Las Runas del Futhark son los sistemas de alfabeto rúnico utilizados por los pueblos germánicos de Europa Central y Escandinavia desde el año 400 d. C. El Futhark Antiguo es el alfabeto rúnico más antiguo que se conoce, ya que fue inscrito en la Piedra Kylver de Gotland, una isla de Suecia que aún puede verse hoy en día. El alfabeto rúnico del Futhark Joven se estableció y codificó en algún momento del siglo IX y se convirtió en la lengua escrita predominante de los nórdicos, utilizada para facilitar el comercio y el intercambio cultural de ideas.

Runas del Futhark Antiguo

Las runas del Futhark Antiguo
https://commons.wikimedia.org/wiki/File:Runic_letters_elder_futhark.jpg

Hay 24 runas en el alfabeto del Futhark Antiguo. Estas son:

ᚠ Fehu

Transliteración: f
Pronunciación: "FEI-JU"
Posición en la fila runa: 1
Significado: Ganado

La runa "fehu" es el primero de los símbolos originales encontrados en la Piedra Kylver. Su forma se basa muy probablemente en la "f" etrusca, derivada de la "f" del alfabeto griego Digamma y latino. También hay pruebas de su similitud con la letra "waw" del alfabeto fenicio.

La runa "fehu" fue representada en tres poemas diferentes de la edda mayor:

- **Noruego antiguo**: "La riqueza es la fuente de discordia entre los familiares; los lobos viven en el bosque".

- **Islandés antiguo:** "La riqueza es la fuente de discordia entre los familiares y el fuego del mar (=el oro) y el camino del abadejo que se entierra (=el camino del dragón = el oro)".

- **Anglosajón:** "La riqueza es comodidad para todos; por eso debe concederse libremente a cualquiera, si desean ganar honor en señal de divinidad".

ᚢ Uruz

Transliteración: u
Pronunciación: "Uu-ruz"
Posición en la fila runa: 2
Significado: Uro

La runa "uruz" es el segundo de los símbolos de la Piedra Kylver. Está basada en la "u" del alfabeto raético, que tiene una forma y un sonido similares. En el alfabeto gótico, su carácter correspondiente es "urus".

La runa "uruz" se representaba en tres poemas diferentes de la edda mayor:

- **Noruego antiguo:** "La escoria proviene del hierro malo; el corzo suele correr sobre la nieve helada".

- **Islandés antiguo:** "La lluvia es el lamento de las nubes y la ruina de la cosecha de heno y una abominación para los pastores".
- **Anglosajón:** "El uro está orgullo de sus grandes cuernos; es una bestia muy salvaje, que lucha con sus cuernos; un gran guardián de los páramos, es una criatura vigorosa".

Þ Thurisaz

Transliteración: th
Pronunciación: "TUR-i-saz"
Posición en la fila runa: 3
Significado: Espina

La runa "thurisaz" es el tercero de los símbolos originales encontrados en la Piedra de Kylver. Su forma no se corresponde con la de ningún otro sistema alfabético primitivo, pero se cree que comparte un sonido similar con la letra "Ψ" del alfabeto gótico, que a su vez está relacionada con la letra griega "psi".

La runa "thurisaz" fue representada en tres poemas diferentes de la edda mayor:

- **Noruego antiguo:** "Thurs ("el gigante") causa angustia a las mujeres, la desgracia hace que pocos hombres estén alegres".
- **Islandés antiguo:** "Thurs ("el gigante") es la tortura de las mujeres y morador del acantilado y marido de una giganta sirviente de Saturno".
- **Anglosajón:** "La espina está tremendamente afilada, algo malvado para que cualquier caballero la toque, infrecuentemente grave para todo aquel que se siente entre ellas".

ᚠ Ansuz (Óss)

Transliteración: a
Pronunciación: "AN-suz"
Posición en la fila runa: 4
Significado: Dios

La runa "ansuz" es el cuarto de los símbolos originales encontrados en la Piedra de Kylver. Su forma se basa en la "a" neoetrusca y es similar a la

"A" latina y a la letra fenicia "aleph".

La runa "ansuz" fue representada en dos poemas diferentes de la edda mayor:

- **Islandés antiguo:** "Odín es un dios anciano y el príncipe del Asgard y el señor del Valhalla".
- **Anglosajón:** "La boca es la fuente del lenguaje, un pilar de sabiduría y una comodidad para los hombres sabios una bendición y una alegría para todos los caballeros".

ℝ Raidho (Reith)

Transliteración: r
Pronunciación: "Rai-do"
Posición en la fila runa: 5
Significado: Viaje

La runa "raidho" es el quinto de los símbolos originales encontrados en la Piedra de Kylver. Tiene un parecido con la letra "raida" del alfabeto gótico y se parece mucho a la "R" latina.

La runa "raidho" fue representada en tres poemas diferentes de la edda mayor:

- **Noruego antiguo:** "Cabalgar se dice que es lo peor para los caballos;
  Regin forjó la mejor de las espadas".
- **Islandés antiguo:** "Cabalgar es dicha del que va sentado y viaje rápido y dura labor del caballo".
- **Anglosajón:** "Cabalgar parece sencillo para todo guerrero mientras está bajo techo y muy valiente al que atraviesa las carreteras a lomos de un robusto caballo".

❮ Kenaz (Kaun)

Transliteración: c/k
Pronunciación: "KEN-az"
Posición en la fila runa: 6
Significado: Antorcha

La runa "kenaz" es el sexto de los símbolos originales encontrados en la Piedra Kylver. La forma de esta runa se basa directamente en la "c" itálica antigua y en la "c" latina. La letra correspondiente en el alfabeto gótico se llama "kusma".

La runa "kenaz" se representaba en tres poemas diferentes de la edda mayor:

- **Noruego antiguo:** "La úlcera es fatal para los niños; la muerte hace que el cadáver palidezca".
- **Islandés antiguo:** "Enfermedad fatal para los niños y un punto doloroso y la morada de la mortificación".
- **Anglosajón:** "La antorcha es conocida por todo hombre por su blanca y brillante llama; siempre quema junto a donde el príncipe se sienta".

X Gebo (Gyfu)

Transliteración: g

Pronunciación: "Gui-bo"

Posición en la fila runa: 7

Significado: Regalo

La runa "gebo" es el séptimo de los símbolos originales encontrados en la Piedra de Kylver. Se parece a la "x" latina, pero es posible que se pronunciara como la letra "g" del alemán antiguo.

La runa "gebo" fue representada en una edda anglosajona:

- "La generosidad trae crédito y honor, lo que apoya la dignidad propia; proporciona ayuda y subsistencia para todos los hombres rotos que carecen de todo".

P Wunjo (Wynn)

Transliteración: w

Pronunciación: "WuN-yo"

Posición en la fila runa: 8

Significado: Alegría

La runa "wunjo" es el octavo de los símbolos originales encontrados en la Piedra Kylver. Su forma recuerda a la "P" latina, pero su sonido es igual al de la "w" inglesa. De hecho, el alfabeto inglés adoptó directamente el sonido de la runa "wunjo", uno de los dos únicos casos en los que esto ha ocurrido.

La runa "wunjo" fue representada en una edda anglosajona:
- "Dicha la que disfruta el que no conoce sufrimiento, pena ni preocupación, y tiene prosperidad y felicidad y una casa lo bastante grande".

H ᚻ Hagalaz (Hagall)

Transliteración: h
Pronunciación: "JA-ga-laz"
Posición en la fila runa: 9
Significado: Granizo

La runa "hagalaz" es el noveno de los símbolos originales encontrados en la Piedra Kylver. La letra del alfabeto gótico "hagl" se corresponde con "hagalaz". El Futhark antiguo tiene dos versiones de esta runa, una con una sola barra en el centro y otra con dos barras. Las inscripciones escandinavas solo utilizan la versión de una barra, mientras que las inscripciones continentales pueden tener una o dos barras, pero lo habitual es encontrar esta última.

La runa "hagalaz" se representaba en tres poemas diferentes de la edda mayor:

- **Noruego antiguo:** "El granizo es el más frío grano; Cristo creó el mundo de los antiguos".
- **Islandés antiguo:** "El granizo es un grano frío y el chaparrón de aguanieve y el vómito de las serpientes".
- **Anglosajón:** "El granizo es el grano más blanco; es el remolino de la cúpula del cielo y es lanzado por la ráfaga de viento y cuando se derrite se convierte en agua".

ᚾ Naudhiz (Naudr)

Transliteración: n
Pronunciación: "NAUD-iz"
Posición en la fila runa: 10
Significado: Necesidad

La runa "naudhiz" es el décimo de los símbolos originales encontrados en la Piedra Kylver. Su forma está estrechamente relacionada con la letra gótica "nauþs". En la Edda Poética, el cuento

"Sigrdrífumál" incluye a una valquiria llamada Sigrdrífa que habla a Sigurd sobre "naudhiz", refiriéndose a ella como una runa de cerveza, y le sugiere que grabe la runa en su cuerno para beber, en el dorso de su mano y en su uña si quiere evitar que la mujer de otro hombre abuse de su confianza (en caso de que tenga una aventura con ella).

La runa "naudhiz" fue representada en tres poemas diferentes de la edda mayor:

- **Noruego antiguo:** "La privación da escasa oportunidad; un hombre desnudo enfriado por la escarcha".
- **Islandés antiguo:** "La coacción es el dolor de la dama encadenada y un estado de opresión y un trabajo duro".
- **Anglosajón:** "La dificultad es opresiva para el corazón; aunque a menudo resulta una fuente de ayuda y salvación para os hijos de los hombres, para aquellos que atienden su abundancia".

I Isa (Íss)

Transliteración: i
Pronunciación: "I-sa"
Posición en la fila runa: 11
Significado: Hielo

La runa "isa" es el undécimo de los símbolos originales encontrados en la Piedra de Kylver. Comparte forma con la "I" latina, y la letra correspondiente del alfabeto gótico es "eis".

La runa "isa" fue representada en tres poemas diferentes de la edda mayor:

- **Noruego antiguo:** "Llamamos hielo al puente ancho; el hombre ciego debe ser guiado".
- **Islandés antiguo:** "El hielo corteza de los ríos y la tapa de la vajilla y la destrucción de la condenación".
- **Anglosajón:** "El hielo es muy frío y resbaladizo sin medida; Brilla tan claro como el vidrio y más que las gemas; Es el suelo hecho por la escarcha, a considerar justo".

ᛃ **Jera (Jeran)**
Transliteración: j/y
Pronunciación: "Ye-ra"
Posición en la fila runa: 12
Significado: Año

La runa "jera" es el duodécimo de los símbolos originales encontrados en la Piedra de Kylver. Es similar a la letra "jer" del alfabeto gótico. Algunos estudiosos creen que puede haberse basado en una alteración de la letra "G" latina, pero no hay pruebas definitivas que apoyen esta teoría.

La runa "jera" fue representada en tres poemas diferentes de la edda mayor:

- **Noruego antiguo:** "Marca las estaciones; marca el año; el ciclo se repite".

- **Islandés antiguo:** "Siga las estaciones y observe cómo se funden de una a otra en un ciclo sin fin".

- **Anglosajón:** "Con cada año que pasa, también pasa cada estación; pero el final de una es el comienzo de otra, y el ciclo continúa siempre".

ᛇ **Eihwaz (Ēoh)**
Transliteración: ï
Pronunciación: "AY-waz"
Posición en la fila runa: 13
Significado: Tejo

La runa "eihwaz" es el decimotercero de los símbolos originales encontrados en la Piedra de Kylver. La verdadera transliteración de esta runa es en realidad desconocida y se le asignó arbitrariamente su designación actual. Existe la teoría de que originalmente debía ser una vocal protogermánica, pero se perdió en el tiempo cuando se estaba inscribiendo la Piedra de Kylver.

La runa "eihwaz" fue representada en una edda anglosajona:
- "El tejo es un árbol de áspera corteza, duro e inalterable, se soporta por sus raíces un guardián de las llamas y la alegría de

una finca".

⌐ Perdhro (Peorth)

Transliteración: p
Pronunciación: "PER-tro"
Posición en la fila runa: 14
Significado: Cubilete de dados

La runa "perdhro" es el decimocuarto de los símbolos originales encontrados en la Piedra de Kylver. Es posible que esté basada en la letra "pairþra" del alfabeto gótico, pero las pruebas no son claras en cuanto a qué versión surgió primero. Sin embargo, es muy probable que una se basara en la otra. Algunos estudiosos creen que la letra del alfabeto ogham "Ceirt" podría ser un préstamo de la runa "perdhro", basándose en las similitudes de su significado.

La runa "perdhro" fue representada en una edda nórdica antigua:

- "La tierra se rasgará, y los cielos arriba".

Y Algiz

Transliteración: z
Pronunciación: "AL-giz"
Posición en la fila runa: 15
Significado: Alce

La runa "algiz" es el decimoquinto de los símbolos originales encontrados en la Piedra de Kylver. Es solo una de las dos runas que expresan un fonema que no aparece al principio de una palabra, lo que significa que no se podía nombrar utilizando la letra al principio del propio nombre. El fonema específico se perdió antes de que se inscribiera la Piedra de Kylver, por lo que se le asignó el sonido latino "x" manteniendo su forma original. En los tiempos modernos, la runa se ha ganado la reputación tanto de "runa de la vida" como de "runa de la muerte" gracias al misticismo del siglo XX. La runa tradicional representa el nacimiento, mientras que la versión invertida representa la muerte.

La runa "algiz" fue representada en una edda anglosajona:

- "la juncia de alce generalmente vive en el humedal, creciendo en el agua. Hiere gravemente, tiñendo de sangre a cualquier hombre que intenta agarrarla".

⟨ ᚺ Sowilo

Transliteración: s
Pronunciación: "So-güi-lo"
Posición en la fila runa: 16
Significado: el Sol

La runa "sowilo" es el decimosexto de los símbolos originales encontrados en la Piedra Kylver. Es una adaptación directa de la "s" itálica antigua, que a su vez procedía de la letra griega "sigma". Hay dos variantes de la runa utilizadas en el Futhark Antiguo. Una se escribe con cuatro trazos y se parece a una "sigma", que parece haber sido utilizada en versiones más antiguas del alfabeto rúnico, como la de la Piedra de Kylver. La otra está escrita con tres trazos y tiene una forma más parecida a la "S" latina, que comenzó a aparecer en versiones posteriores del Futhark Antiguo.

La runa "sowilo" fue representada en tres poemas diferentes en el edda mayor:

- **Noruego antiguo:** "El Sol es la luz del mundo; Yo me inclino ante el designio divino".
- **Islandés antiguo**: "El Sol es el escudo de las nubes y un rayo luminoso y el destructor del hielo".
- **Anglosajón:** "El sol es siempre una alegría en la esperanza de los marineros cuando viajan sobre el baño de los peces, hasta que la corriente de las profundidades les lleva a tierra".

↑ Teiwaz

Transliteración: t
Pronunciación: "Ti-waz"
Posición en la fila runa: 17
Significado: Tyr

La runa "teiwaz" es el decimoséptimo de los símbolos originales encontrados en la Piedra de Kylver. Es un símbolo ideográfico para una lanza, relacionado con el arma que Tyr blandiría en la batalla. Desgraciadamente, esta runa ha adquirido una desafortunada asociación con grupos nazis y neonazis durante los siglos XX y XXI.

La runa "teiwaz" fue representada en tres poemas diferentes de la edda mayor:

- **Noruego antiguo:** "Tyr es el Æsir manco; a menudo el herrero tiene que soplar".
- **Islandés antiguo:** "Tyr es un dios manco, y la despedida de los lobos y el príncipe de los templos".
- **Anglosajón:** "Tir es una estrella, que mantiene a los príncipes con fe; siempre en su rumbo sobre las brumas de la noche, nunca cae".

ᛒ Berkano (Berkana)

Transliteración: b
Pronunciación: "BER-ka-no"
Posición en la fila runa: 18
Significado: Abedul

La runa "berkano" es el decimoctavo de los símbolos originales encontrados en la Piedra Kylver. Su forma deriva probablemente de la letra "B" del antiguo alfabeto itálico, de donde procede también la "B" latina. La letra correspondiente del alfabeto gótico es "bairkan".

La runa "berkano" se representaba en tres poemas diferentes de la edda mayor:

- **Noruego antiguo:** "El abedul es el arbusto con las hojas más verdes; Loki tiene suerte con su engaño".
- **Islandés antiguo:** "El abedul es una ramita frondosa y un pequeño árbol y un matorral fresco y joven".
- **Anglosajón:** "El álamo no tiene fruta; aunque sin semilla da cuatro chupones, que se generan de sus hojas. Espléndidas son sus ramas y adornan gloriosamente sus majestuosas copas alcanzan el cielo".

ᛖ Ehwaz

Transliteración: e
Pronunciación: "E-güaz"
Posición en la fila runa: 19
Significado: Caballo

La runa "ehwaz" es el decimonoveno de los símbolos originales encontrados en la Piedra de Kylver. La forma es casi exactamente igual a la "M" latina, pero el sonido es más cercano a la vocal "e". Cierta confusión está causada por el hecho de que la siguiente runa en la secuencia está en realidad más cerca de la "M" latina, pero su runa tiene un par extra de barras que se cruzan en direcciones opuestas a las dos barras centrales de la runa "ehwaz".

La runa "ehwaz" fue representada en una edda anglosajona:

- "El caballo es la alegría de los príncipes en presencia de los guerreros, un corcel es el orgullo de sus cascos cuando los hombres ricos a lomos de su caballo intercambian palabras sobre ello y siempre una fuente de comodidad para el inquieto".

ᛗ Mannaz (Madhr)

Transliteración: m
Pronunciación: "MA-naz"
Posición en la fila runa: 20
Significado: Hombre

La runa "mannaz" es el vigésimo de los símbolos originales encontrados en la Piedra Kylver. Fue reconstruida a partir de la palabra germánica común para hombre. Tanto en sonido como en forma, deriva de la antigua letra itálica "M", que a su vez se basaba en la letra griega "mu".

La runa "mannaz" se representaba en tres poemas diferentes de la edda mayor:

- **Noruego antiguo:** "El hombre es el desarrollo del polvo; grande es la garra de la rapaz".
- **Islandés antiguo:** "El hombre es el deleite del hombre y un producto de la tierra y el que adorna los barcos."
- **Anglosajón:** "El hombre jovial es querido por sus familiares; aunque todo hombre está condenado a fallar a su compañero, ya que el Señor por su decreto asignará la vil carroña a la tierra."

ᛚ **Laguz (Logr)**
Transliteración: l
Pronunciación: "LA-guz"
Posición en la fila runa: 21
Significado: Agua

La runa "laguz" es el vigésimo primero de los símbolos originales encontrados en la Piedra de Kylver. Su letra correspondiente del alfabeto gótico es "lagus". La runa tiene una forma idéntica a la letra "l" del alfabeto raético.

La runa "laguz" fue representada en tres poemas diferentes de la edda mayor:

- **Noruego antiguo:** "Una catarata es un río que cae de la ladera de una montaña; pero los ornamentos son de oro".
- **Islandés antiguo:** "El agua es una corriente que se arremolina y un gran géiser y la tierra de los peces".
- **Anglosajón:** "El océano parece interminable para los hombres, si se aventuran en un barco bamboleante y las olas del mar les aterrorizan y la corriente de las profundidades no hace caso a sus aparejos".

◆ **Ingwaz (Ing)**
Transliteración: ng
Pronunciación: "ING-güaz"
Posición en la fila runa: 22
Significado: Semilla

La runa "ingwaz" es el vigésimo segundo de los símbolos originales encontrados en la Piedra de Kylver. Presenta algo de problema debido a derivaciones no atestiguadas en inscripciones tempranas. La runa representa al dios Yngvi, también llamado Ingwaz, que se cree que es un nombre alternativo más antiguo de Freyr.

La runa "ingwaz" fue representada en una edda anglosajona:

- "Ing el primero de los daneses de este es considerado, hasta que partió hacia el este por el mar, su carro le siguió, así los heardings le llamaron héroe".

ᛞ **Dagaz (Daeg)**

Transliteración: d

Pronunciación: "DA-gaz"

Posición en la fila runa: 23

Significado: Día

La runa "dagaz" es el vigésimo tercero de los símbolos originales encontrados en la Piedra de Kylver. Su letra correspondiente en el alfabeto gótico es "dags". La forma de mariposa de la runa deriva posiblemente de la letra "san" del alfabeto lepóntico.

La runa "dagaz" fue representada en una edda anglosajona:

- "El día es el mensajero del Señor, amado por los hombres; gloriosa luz del creador, alegría y esperanza para el rico y el pobre, a todos alegra".

ᛟ **Othala (Odal)**

Transliteración: o

Pronunciación: "O-ta-la"

Posición en la fila runa: 24

Significado: Herencia

La runa "othala" es el vigésimo cuarto de los símbolos originales encontrados en la Piedra de Kylver. Representa un sonido similar a la "o" latina y posiblemente esté relacionada con la letra griega "omega", ya que tienen formas vagamente parecidas.

La runa "othala" fue representada en una edda anglosajona:

- "Una finca es muy querida por todo hombre, si puede disfrutar allí en su casa todo ello es apropiado en constante prosperidad".

Runas Futhark jóvenes

El alfabeto rúnico del Futhark Joven se creó para suplantar a la versión del Futhark Antiguo reduciendo el número de runas y simplificando sus nombres. La idea era hacerlo más fácil de aprender y más accesible a un mayor número de personas con distintos niveles de alfabetización y educación. El mayor cambio entre los dos sistemas es que las runas del Futhark Joven no expresan la diferencia entre consonantes sonoras y no sonoras en la escritura.

Hay 16 runas en el alfabeto del Futhark Joven. Estas son:

ᚠ Fé (Fehu)
Transliteración: f/v
Pronunciación: "Fey"
Posición en la fila runa: 1
Significado: Riqueza
Runa correspondiente del Futhark Antiguo: Fehu

ᚢ Úr
Transliteración: u/v/w/y/o/ø
Pronunciación: "UR"
Posición en la fila runa: 2
Significado: Hierro/Lluvia
Runa correspondiente del Futhark Antiguo: Uruz

ᚦ Thurs
Transliteración: th
Pronunciación: "TURS"
Posición en la fila runa: 3
Significado: Espina
Runa correspondiente del Futhark Antiguo: Thurisaz

ᚭ As/Oss
Transliteración: a/o/æ
Pronunciación: "AS"
Posición en la fila runa: 4
Significado: Dios
Runa correspondiente del Futhark Antiguo: Ansuz

ᚱ Reið
Transliteración: r
Pronunciación: "RAID"
Posición en la fila runa: 5

Significado: Viaje
Runa correspondiente del Futhark Antiguo: Raidho

ᚴ Kaun
Transliteración: k/g
Pronunciación: "KAN"
Posición en la fila runa: 6
Significado: Úlcera
Runa correspondiente del Futhark Antiguo: Kenaz

ᚼ Hagall
Transliteración: h
Pronunciación: "JAI-gal"
Posición en la fila runa: 7
Significado: Granizo
Runa correspondiente del Futhark Antiguo: Hagalaz

ᚾ/ᚿ Nauðr
Transliteración: n
Pronunciación: "Nau-dor"
Posición en la fila runa: 8
Significado: Necesidad
Runa correspondiente del Futhark Antiguo: Naudhiz

ᛁ Ísa/Íss
Transliteración: i/e
Pronunciación: "I-saa"
Posición en la fila runa: 9
Significado: Hielo
Runa correspondiente del Futhark Antiguo: Isa

ᛆ/ᛅ Ár
Transliteración: a/æ/e
Pronunciación: "AR"

Posición en la fila runa: 10
Significado: Abundancia
Runa correspondiente del Futhark Antiguo: Jera

ᚤ Yr
Transliteración: r
Pronunciación: "IR"
Posición en la fila runa: 11
Significado: Tejo
Runa correspondiente del Futhark Antiguo: Algiz

ᛋ/ᛁ Sól
Transliteración: s
Pronunciación: "SOL"
Posición en la fila runa: 12
Significado: el Sol
Runa correspondiente del Futhark Antiguo: Sowilo

↑/ᛐ Týr
Transliteración: t/d
Pronunciación: "TIR"
Posición en la fila runa: 13
Significado: Tyr
Runa correspondiente del Futhark Antiguo: Teiwaz

ᛒ Björk/Bjarkan/Bjarken
Transliteración: b/p
Pronunciación: "BIYORK"
Posición en la fila runa: 14
Significado: Abedul
Runa correspondiente del Futhark Antiguo: Berkano

ᛘ Maðr
Transliteración: m
Pronunciación: "MA-der"
Posición en la fila runa: 15
Significado: Hombre/Persona
Runa correspondiente del Futhark Antiguo: Mannaz

ᛚ Lögr
Transliteración: l
Pronunciación: "LO-ger"
Posición en la fila runa: 16
Significado: Océano
Runa correspondiente del Futhark Antiguo: Laguz

Capítulo 4: El Ætt de Freya: amor, belleza y creación

Los alfabetos del Futhark se dividen en agrupaciones más pequeñas conocidas como ættir. Cada ætt se compone de 8 runas del alfabeto del Futhark Antiguo. El concepto de ættir rúnico se basa en el uso de la palabra en nórdico antiguo, que significaba familia extensa, dinastía o linaje. Puede pensar en los ættir rúnicos como en una familia de runas, ya que cada una de las tres agrupaciones comparte ciertos temas o conexiones con los dioses.

El primero de los ættir rúnicos es el Ætt de Freya. Este grupo de runas representa la creación e incluye a Fehu, Uruz, Thurisaz, Ansuz, Raidho, Kenaz, Gebo y Wunjo.

ᚠ Fehu

Significado: Ganado

Representa: Suerte, riqueza y propiedades

Al ser la primera runa, fehu puede simbolizar un nuevo comienzo o un nuevo inicio. Lleva el tema de la creación en su posición dentro del alfabeto y su asociación con Freya y Freyr. Ambos son dioses de la fertilidad, siendo Freya específicamente una diosa del amor y el sexo. También es diosa del oro y del dinero, lo que la relaciona con fehu. En la época de los antiguos paganos, cuando no se podía utilizar una moneda estándar de forma fiable, poseer ganado era de hecho un signo de riqueza. Significaba que se poseía un bien tangible, ya que todo el mundo necesita comer, y tener ganado lechero facilitaba el acceso a la leche para utilizarla en la repostería o para beber.

Puede utilizar la fehu para invocar la abundancia, la creatividad y la buena fortuna. Pruebe a grabar esta runa en un objeto que considere afortunado. Liberar el poder de la fehu puede ser tan sencillo como colocar la runa en su llavero favorito o en el primer dólar que haya ganado. Si tiene un lugar favorito al aire libre en el que le gusta pasar el tiempo, puede inscribir la runa en una roca cercana o en el tronco de un árbol. Grabe la runa fehu en tres guijarros lisos y colóquelos en fila a lo largo del alféizar de la ventana de su dormitorio. Esto puede atraer la buena suerte a su hogar al tiempo que impide el paso de la energía negativa.

ᚢ Uruz

Significado: Uro

Representa: Supervivencia, resistencia, fuerza vital

El uro es un contrapunto al fehu en lo que a su significado se refiere. Mientras que el fehu se asocia con el ganado domesticado, el uro es la cara opuesta de esa moneda, ya que representa a un bóvido salvaje. Como todas las criaturas salvajes, la supervivencia es una lucha diaria, y debe tener la fuerza y la voluntad necesarias para soportar estas penurias. Sin embargo, cuando sobrevive, puede ser muy vital, y el uro está conectado con el tema de la creación de la ætt cuando se trata de la energía o fuerza vital que arde en las bestias salvajes. Cuando no sabe si verá otro mañana, vive el hoy con un fervor que evoca la imagen de un uro o un toro embistiendo despreocupadamente por las llanuras, negándose a guardar nada en el depósito, ya que puede no tener la oportunidad de utilizarlo.

Puede invocar el poder del uro escribiendo la runa en un trozo de papel o en una cartulina fina y luego quemándola. El fuego libera la pasión que normalmente mantenemos bajo control. Esto puede ser útil cuando se siente frenado en ciertas áreas de su vida, como el trabajo, la escuela o las relaciones. El Uro puede concederle ese entusiasmo por la vida que a veces puede escapársele cuando se queda atascado en la rutina. A veces, un pequeño impulso es todo lo que necesita para volver al buen camino.

Þ Thurisaz

Significado: Espina

Representa: Fuerza, protección, conflicto

Thurisaz es una runa que denota seguridad lograda a través de la fuerza o una forma pasiva de defensa armada. Piense en un arbusto espinoso con todas esas púas afiladas saliendo por todas partes; la mayoría de la gente dudaría en meterse con él y se mantendría alejada. Esto es lo que significa una defensa pasiva. Tiene que demostrar que está dispuesto a luchar para que cualquier amenaza potencial vea que no merece la pena correr el riesgo de atacar si eso significa que podrían resultar heridos cuando lo hagan. Usted no sale en busca de conflictos, pero no dudará en enfrentarse a cualquiera en una pelea si invade sus dominios.

Utilizar el thurisaz para otorgarse protección mágica es una fuerte defensa contra cualquier persona o cosa que quiera hacerle daño. La mejor forma de hacerlo es inscribiendo la runa en un arma de algún tipo. Sin embargo, como hoy en día poca gente tiene una espada o una lanza por casa, cualquier cosa que pueda considerarse utilizable como arma improvisada servirá. Cuchillos de cocina, bates de béisbol o incluso simples tablones de madera pueden servir para este propósito. Si posee un arma, puede colocar la runa thurisaz en la propia arma de fuego o grabarla en la munición que admita el arma.

ᚠ Ansuz

Significado: Dios

Representa: Orden, comunicación, inspiración

Ansuz está relacionado con Odín, ya que es el principal guardián del orden en los Nueve Reinos. Parte del mantenimiento del orden consiste en saber comunicarse con eficacia. Muchos conflictos comienzan debido a un malentendido, por lo que utilizar sus palabras con cuidado y sabiduría puede apaciguar una situación antes de que estalle en violencia. Esto es igualmente cierto cuando se trata de grandes grupos de personas, como diferentes facciones o naciones, como cuando se trata de relaciones interpersonales en el hogar, el trabajo o la escuela.

Puede utilizar la runa ansuz para comunicarse mejor o para ayudarle a tomar una decisión difícil. Si tiene problemas para transmitir su punto de vista a alguien, pruebe a inscribir la runa en un par de objetos idénticos o en algo que venga en pareja. Guarde uno para usted y entregue el otro a la persona con la que intenta comunicarse. Una opción fácil para esto son un par de zapatos, calcetines o adornos navideños de tórtolas.

ᚱ Raidho

Significado: Viaje

Representa: Viajes, nobleza, camino

Raidho puede significar tanto un viaje en sí como el medio utilizado para viajar. Ejemplifica la libertad, ya que desplazarse a pie le impide estar atado a un solo lugar. Hoy en día, puede que no parezca tan impresionante, pero en una época anterior al transporte público o a las infraestructuras de tránsito, si uno tenía una forma de desplazarse más rápida que a pie, podía sentirse como si tuviera el mundo entero desplegado ante sí. Raidho también puede significar un viaje emocional o encontrar el camino correcto en la vida. Tener una meta que desea alcanzar es estupendo, pero tendrá que tomarse el tiempo necesario para llegar hasta ella antes de poder recoger los frutos de sus esfuerzos.

Esta runa puede utilizarse para asegurarse un viaje seguro cuando tenga que desplazarse a algún lugar. Encuentre una hoja y márquela con la runa raidho, luego llévela a algún lugar alto y déjela ir. Una vez que sea alzada y llevada por el viento, emprendiendo su propio viaje, podrá sentirse seguro de que estará protegido la próxima vez que viaje. También puede utilizar este método si está tratando de encontrar la decisión correcta que debe tomar. Deje que el viento le lleve a donde necesita ir.

ᚲ Kenaz

Significado: Antorcha

Representa: Conocimiento, tradición, hogar

Kenaz puede ayudar a hacer brillar una luz sobre algo que se le oculta o iluminar un tema que está estudiando. La ignorancia es como estar atrapado en la oscuridad, dando tumbos sin rumbo mientras intenta alcanzar su objetivo. Sin embargo, si dispone de una antorcha que le ilumine el camino, le resultará mucho más fácil encontrar lo que busca. La luz y el fuego también pueden utilizarse para aportar calor a su vida. A veces, mirar atrás es la mejor manera de encontrar el camino a seguir. Los que nos precedieron siempre tienen lecciones que pueden enseñarnos, aprovechando sus experiencias para obtener una ventaja al saber qué dificultades hay que evitar.

Puede utilizar la runa kenaz para ayudar a abrir su mente y permitir que entre en ella nueva información. Consiga un símbolo del conocimiento, como un libro de texto o un bloc de notas, y coloque la runa en el interior de la portada. A continuación, coloque otra en el interior de la contraportada. Las dos runas deben estar aproximadamente en la misma posición en ambos lados para que, cuando el libro de texto o el bloc de notas estén cerrados, su energía pueda establecer una conexión directa a través de las páginas. Esto también puede funcionar si busca ser más creativo, pero utilice en su lugar una novela de ficción o un bloc de dibujo.

X Gebo

Significado: Regalo

Representa: Sacrificio, generosidad, comercio

Gebo representa un regalo, que puede entenderse como un presente físico o como una metáfora de un acto de amabilidad. También puede referirse al intercambio de dar y recibir dentro de sus relaciones. Puede ser frugal con todo lo demás en su vida, pero nunca con su amor. Cuando hace un regalo, no espera (o al menos no debería) nada a cambio. La generosidad es un rasgo que puede acercar a las personas, especialmente en un entorno comunitario, que es parte de lo que es Ásatrú.

Si quiere fomentar la generosidad en usted mismo y en los que le rodean, coja una pieza de fruta -una manzana, una naranja o una pera servirán bien- y grabe la runa gebo en su pulpa. Coloque la fruta en un lugar céntrico, donde les guste frecuentar a muchas de las personas de las que pretende extraer la generosidad. No tiene por qué ser necesariamente un lugar donde puedan ver o tocar la fruta; basta con que esté lo suficientemente cerca para que la energía de la runa llegue hasta ellos.

ᚹ Wunjo

Significado: Alegría

Representa: Armonía, compañerismo, esperanza

Wunjo representa un sentimiento de felicidad, euforia, emociones positivas, equilibrio y armonía, tanto interior como exterior. La amistad y el parentesco son también aspectos de la runa wunjo. Dado que es la runa final dentro del ætt de Freya, muestra que, al salir de la fase de creación, hay mucha esperanza para lo que pueda traer el futuro. Wunjo es una runa con mucha energía positiva, así que aprovéchese de ello cuando utilice las runas en su propia vida.

Puede utilizar la runa wunjo para ayudar a equilibrar su mente. Encuentre dos velas de la misma longitud y grabe la runa en ambas aproximadamente a la misma altura. Colóquelas en un soporte y enciéndalas simultáneamente o lo más cerca posible. Deje que las velas ardan hasta el fondo. Deberían arder al mismo ritmo, conduciendo la energía rúnica entre ellas a medida que lo hacen. Si las velas arden a ritmos diferentes, apague las llamas y espere al menos tres días antes de volver a intentarlo.

Capítulo 5: El Ætt de Heimdal: perturbación, cambio y caos

La segunda de las ættir rúnicas es el Ætt de Heimdal. Este grupo de runas representa la perturbación, el cambio y el caos e incluye a Hangalaz, Naudhiz, Isa, Jera, Eihwaz, Perdhro, Algiz y Sowilo.

ᚺ ᚻ Hagalaz

Significado: Granizo

Representa: Crisis, catástrofe, cambio extremo

Hagalaz representa una fuerte tormenta, que simboliza un acontecimiento traicionero o una situación en la que podría encontrarse. Evoca una imagen muy poderosa, pero no tiene por qué ser una tormenta literal. Cualquier cosa en la que usted no tenga el control de lo que ocurre puede considerarse una "tormenta". Hay una sensación de urgencia en esta runa, una aguda advertencia en los momentos previos a que se produzca el desastre, como un relámpago antes del trueno o el repentino rugido de un ciclón cuando se dirige hacia su casa. El uso de esta runa por sí sola solía indicar que algo que ponía en peligro la vida se cernía sobre el horizonte.

Aunque la runa hagalaz representa una gran crisis o catástrofe, al realizar magia rúnica puede utilizarla para anular este tipo de situaciones. Inscriba la runa en un puñado de pequeñas rocas o guijarros y después colóquelos todos en una bolsa. Agítelas doce veces antes de dar la vuelta a la bolsa y dejar que caigan. Se recomienda que haga esto al aire libre en su jardín o en una habitación que no necesite utilizar porque debe dejar las rocas o guijarros inscritos donde estén durante toda la crisis para que la magia funcione.

ᚾ Naudhiz

Significado: Necesidad

Representa: Urgencia, fricción, necesidad

Naudhiz es una súplica de ayuda, como la que haría si estuviera herido, hambriento o muriéndose de sed. La situación tendría que ser muy grave para utilizar esta runa por sí sola. Cuando se empareja con otra runa, indicaría que el mensaje que se está transmitiendo es sensible al tiempo. Por ejemplo, si un grupo de vikingos tocara tierra en una zona y estableciera allí su campamento, y luego enviara una partida a explorar, pero algo les obligara a trasladar el campamento mientras los exploradores estaban fuera, podrían indicar hacia dónde se dirigían e incluir la runa naudhiz para asegurarse de que los exploradores supieran que esta información podría no ser exacta si no la ven en unos días.

Esta runa puede utilizarse para invocar algo que falta en su vida. Puede ser cualquier cosa como dinero, amor, significado, emoción o paz y tranquilidad. Coloque la runa en un objeto que represente lo que busca y luego entiérrelo bajo tierra frente a la puerta de su casa o lo más cerca posible de ella. Haciendo esto invitará simbólicamente a que entre en su vida aquello de lo que desea más. Sin embargo, tenga cuidado de no ser frívolo o codicioso al utilizar esta magia porque sus intenciones resonarán con la energía que se emita, e intentar utilizarla para algo negativo puede provocar que entre energía negativa en su casa.

ᛁ Isa

Significado: Hielo

Representa: Control, concentración, estasis

Isa representa el hielo, tanto en el sentido de congelar algo como de mantener la calma y sofocar las pasiones en favor de acciones más lógicas. A veces, precipitarse en una situación basándose en una respuesta emocional puede ser demasiado peligroso o contraproducente. El fuego y el hielo se consideran elementos primordiales, y el mundo está lleno de casos de su enfrentamiento por el dominio, al igual que los reinos de Niflheim y Muspelheim se encontraron en el centro del vacío conocido como Ginnungagap y formaron el resto del universo.

Cuando necesite ayuda adicional para tomar una decisión lógica en lugar de emocional, puede invocar el poder de la runa isa. Esto puede ayudarle a mantener la calma y a pensar su decisión hasta el final, considerando todos los ángulos y sopesando cuidadosamente los pros y los contras de cada elección. Puede ser especialmente útil cuando se trata de una decisión importante que cambia la vida, como elegir dónde quiere ir a la universidad, comprar una casa nueva o tener o no hijos. Coloque la runa en su almohada o funda de almohada, o grábela en algo que pueda colocarse debajo. Piense en la frase "déjeme consultar con la almohada". Esto le permitirá recargar su cerebro y dar tiempo a que sus emociones se disipen antes de tomar la decisión, para que pueda hacerlo con una mente lógica.

ᛃ Jera

Significado: Año

Representa: Paciencia, órbitas, el ciclo de la vida

Jera representa el cambio cíclico de las estaciones que se produce a lo largo de un solo año y que vuelve a comenzar una vez que llega a su fin. Los ciclos son muy importantes para el paganismo nórdico y Ásatrú, y la runa jera expresa esa importancia a través de su posición exactamente a la mitad del alfabeto del Futhark Antiguo. Puede considerarse como el "solsticio de verano" del alfabeto. Cuando se utiliza junto con otra runa, indica la naturaleza cíclica de la representación de esa runa. Así, si se utiliza con la runa raidho, transmitiría que cuando se llega al final del viaje, otro aguarda para el regreso a casa.

Puede invocar la runa jera para que le ayude a empezar de nuevo algo o para que le ayude al embarcarse en la siguiente etapa de su vida. Los cumpleaños suelen ser un momento en el que reflexiona sobre su vida, incluidos sus logros, fracasos y objetivos para el futuro. Coloque la runa jera sobre algo redondo, como una pelota. Haga rodar la bola en círculos concéntricos, moviéndose en el sentido de las agujas del reloj, con la mano, y hágalo siete veces. Esto permite que la energía de la runa limpie su aura y le guíe en su camino a medida que avanza hacia cualquier objetivo que esté intentando alcanzar.

ᛇ Eihwaz

Significado: Tejo

Representa: Eternidad, inmortalidad, misterios de la muerte

Eihwaz puede verse como la personificación rúnica de Yggdrasil, el Árbol del Mundo. Se dice que Yggdrasil es un tejo, y su posición en el centro de la cosmología nórdica lo hace intemporal. En la mitología nórdica, incluso después de que los Nueve Reinos hayan sido devastados por el Ragnarök, lo único que permanece totalmente intacto es Yggdrasil. Los lugares de los pozos donde están ancladas sus tres raíces escapan a la destrucción en su mayor parte indemnes, y continuará en el siguiente ciclo del universo. La runa eihwaz representa esta idea de existencia eterna y la naturaleza misteriosa de la muerte. Aunque hay varias vidas posteriores presentes en el sistema de creencias paganas nórdicas, la muerte sigue siendo un misterio en cuanto a lo que les ocurre a los que mueren por segunda vez, como los guerreros elegidos del Valhalla y Fölkvangr que participan en la batalla final y son asesinados de nuevo.

Puede utilizar la runa eihwaz si desea conservar algo en su vida. Grabe la runa en algo que dure mucho tiempo, como una piedra o el tronco de un árbol. Si puede encontrar un tejo, sería aún mejor. Asegúrese de que la runa está cerca, en algún lugar al que estará cerca casi a diario. Mientras graba la runa, diga en voz alta qué es lo que intenta preservar, e invoque el nombre de Yggdrasil cuando lo haga. Pídale al Árbol del Mundo que sostenga lo que quiere preservar con su poder y sabiduría.

ᛈ Perdhro

Significado: Cubilete de dados

Representa: El destino, las nornas, el azar

Perdhro es la runa del azar y del destino, que pueden parecer fuerzas contradictorias al principio, pero en realidad están muy entrelazadas. Cuando una persona nace, las nornas trazan su vida y establecen un destino para ella, pero se trata de una tirada de dados desde la perspectiva de la persona. No tiene ningún control sobre el destino que se le asigna, así que el simple hecho de nacer es apostar sobre si acabará teniendo un final feliz o trágico. Sin embargo, también existe una sensación de inevitabilidad, ya que haga lo que haga, encontrará su final predestinado de la manera y en el momento que se le asigne.

Puede utilizar la runa perdhro para vislumbrar el futuro. Esta runa suele formar parte de rituales de magia seiðr. Puede ser peligroso intentarlo, ya que siempre que interfiera con el orden natural del mundo, puede haber repercusiones. Sin embargo, si se hace bien, puede darle una gran visión del futuro. Por supuesto, ver el futuro es solo la mitad del proceso que implica la magia seiðr. También debe ser capaz de interpretar correctamente lo que ve, no vaya a ser que se equivoque de camino por haber malinterpretado algo que vio.

ᛉ Algiz

Significado: Alce

Representa: Protección, divinidad, espiritualidad

Algiz es una runa de protección espiritual encarnada por el noble alce. Más que salvaguardar su cuerpo físico, esta runa está dedicada a proteger su alma de la energía negativa u otras amenazas metafísicas. La runa en sí evoca a una persona que levanta los brazos al cielo como si suplicara a los dioses que le protejan. La runa algiz también puede representar algo que está bajo la protección del mundo natural, algo que si daña, incurrirá en la ira de la propia naturaleza.

Puede utilizar la runa algiz para pedir a los dioses una bendición de protección para su alma. Grabe la runa en una vela, pero asegúrese de utilizar la orientación del Futhark Antiguo. La versión invertida de la runa puede tener connotaciones diferentes, ya que la energía parece fluir hacia la runa desde el inframundo en lugar de los cielos. Deje que la vela arda durante 33 minutos y apague la llama. Gotee un poco de la cera derretida en un trozo de papel, dóblelo en un pequeño cuadrado y coloque ese papel debajo de su almohada. Esto salvaguardará su alma de cualquier entidad malévola que pretenda hacerle daño.

ᛊ ᛋ Sowilo

Significado: El Sol

Representa: Orientación, victoria, plenitud

Sowilo es la runa del sol, y el sol es un manantial de vida. Todo ser vivo necesita el calor y la luz del sol para crecer y sobrevivir. Representa a Sól, la personificación del sol, que está destinado a ser asesinado por un lobo monstruoso durante el Ragnarök. Sin embargo, siguiendo el tema de los ciclos y el renacimiento, Sól dará a luz a una hija antes de morir, y esta asumirá el encargo de su madre de recorrer el cielo cada día. El sol es también una fuente de guía, bañando el mundo con su cálida luz e iluminando todos los caminos que se nos presentan.

Puede invocar la runa sowilo para aumentar sus posibilidades de éxito en sus empresas. Encuentre un árbol grande (el tejo sería óptimo) y arranque tres trozos de corteza de su tronco. Grabe la runa en cada trozo y, a continuación, coloque los tres juntos en un cuenco. Si tiene un mortero, puede utilizarlo en su lugar, ya que tendrá que machacar la corteza hasta convertirla en polvo. Cuando haya terminado, póngase de pie en algún lugar donde le dé la luz directa del sol y espolvoree el polvo en un círculo a su alrededor. Gire la cara hacia el sol (pero cierre los ojos) y pida a Sól que le bendiga con el éxito.

Capítulo 6: La Ætt de Tyr: Victoria, protección y justicia

El tercero de los ættir rúnicos es el Ætt de Tyr. Este grupo de runas representa la victoria, la protección y la justicia e incluye a Teiwaz, Berkano, Ehwaz, Mannaz, Laguz, Ingwaz, Dagaz y Othala.

↑ Teiwaz

Significado: Tyr

Representa: Sacrificio, justicia, portador de la ley

Teiwaz es la runa de Tyr, por lo que posee adecuadamente los mismos rasgos que el ætt de Tyr. Tyr es famoso por sacrificar su mano derecha para que el monstruoso lobo Fenrir pudiera ser aprisionado donde no pudiera causar ningún daño. Es conocido por su estricto apego a la justicia y al honor, especialmente cuando se encuentra en medio de un conflicto. Uno de los principios de los seguidores de Tyr es que, por grave que sea la situación, nunca se debe renunciar al honor ni cometer una injusticia. Sucumbir al señuelo de una victoria rápida y fácil empañará su alma. Lo que separa a los buenos de los malos es la forma en que se comportan cuando las cosas están peor.

Puede utilizar la runa teiwaz para invocar la justicia de Tyr, pidiendo directamente al dios su ayuda. Utilice un rotulador o pintura corporal para dibujar la runa en el dorso de su mano derecha, la misma que perdió a manos de Fenrir. Después, debe cortársela. (¡No, es broma!) Durante la siguiente hora, mientras realiza su rutina normal, evite utilizar su mano derecha, imitando en una pequeña medida el sacrificio que hizo Tyr. Esto debería satisfacerle en el sentido de que usted está dispuesto a hacer sacrificios similares en nombre de la justicia, y su petición será atendida.

ᛒ Berkano

Significado: Abedul

Representa: Renacimiento, sanación, naturaleza

El berkano representa el aspecto de renacimiento y renovación de la naturaleza. Cada primavera crecen nuevas flores, árboles y plantas, que florecen con la transición de las estaciones y maduran hacia el final del verano. Se cosechan en otoño y mueren en invierno, pero renacen en la primavera siguiente. La naturaleza está llena de curación y renacimiento, lo que la vincula muy estrechamente con el ciclo de la vida. Se trata de una runa importante en Ásatrú, ya que el ciclo natural de la vida, el universo y la rueda del año son características principales de la religión.

Puede utilizar la runa berkano cuando sienta que necesita una renovación espiritual. Quizá se haya sentido ansioso o cínico y haya perdido la esperanza. Grabe la runa en una pastilla de jabón y utilícela para limpiar su cuerpo en un baño o una ducha. Asegúrese de frotar por todas partes. Al igual que el jabón limpia la suciedad y la mugre de su forma física, la magia de la runa berkano hará lo mismo con su alma. Se sentirá rejuvenecido y más optimista cuando termine, lo que le facilitará reanudar su viaje espiritual.

ᛖ Ehwaz

Significado: Caballo

Representa: Trabajo en equipo, confianza, emoción

Ehwaz representa el vínculo que se forja entre un jinete y su corcel. El hombre y el animal deben trabajar juntos para sobrevivir. Esto era especialmente cierto en la época anterior a la industrialización de la agricultura, cuando era necesario utilizar yuntas de caballos, mulas o bueyes para labrar la tierra y transportar sus mercancías. En un sentido más metafórico, esto puede significar la relación entre usted y las herramientas que utiliza a diario. Dado que los paganos nórdicos sostienen un punto de vista animista del mundo, cada objeto que le rodea posee vida de alguna forma, por lo que su relación con su coche no sería muy diferente de la que existe entre un antiguo pagano y su caballo.

Puede utilizar la runa ehwaz para reforzar su vínculo con los objetos de los que depende a diario. Si algo no parece funcionar bien para usted, pero no hay signos evidentes de daño o mal funcionamiento que deban causar un problema, puede colocar la runa ehwaz sobre él mientras lo utiliza. La runa debería aumentar su conexión con él, permitiéndole sintonizar mejor con su longitud de onda metafísica y volver a estar sincronizado.

ᛗ Mannaz

Significado: Humanidad

Representa: Memoria, mente, aprendizaje

Mannaz es la runa que representa a la humanidad, o al género humano, por utilizar un término más anticuado. Como colectivo, la humanidad tiene una memoria muy larga - no hay más que ver todos los artefactos y conocimientos a los que todavía tenemos acceso de civilizaciones que se extinguieron hace miles de años. Este conocimiento recopilado permite que la sociedad progrese, ya que cada generación puede tomar lo que aprendieron las anteriores y construir sobre ello, en lugar de empezar desde cero. Viendo lo lejos que hemos llegado, incluso solo en los últimos 100 años, puede ver lo impresionante que es esta hazaña.

Puede utilizar la runa mannaz para mejorar su memoria. Esto es beneficioso si tiende a ser olvidadizo. Escriba la runa en un trozo de papel y cuélguela en algún lugar donde la vea todos los días, como en la esquina de su espejo. Cada vez que vea la runa, le recordará cosas que puede haber olvidado. Al igual que cuando ejercita sus músculos, esto ejercitará su memoria y, con el tiempo, se hará más fuerte, haciendo que sea menos olvidadizo.

ᛚ Laguz

Significado: Agua

Representa: Subconsciente, sueños, imaginación

Laguz se asocia con el agua, uno de los manantiales de la vida. Al igual que el sol, casi todo lo que está vivo necesita agua para sobrevivir. Además, representa el subconsciente y los sueños. Se dice que el agua tiene memoria propia, recordando siempre todos los lugares en los que ha estado. Si tenemos en cuenta que una ley fundamental del universo es que la materia no puede crearse ni destruirse, nos daremos cuenta de que cada gota de lluvia, cada gota de sudor y cada charco en el suelo tienen agua que ha existido desde el principio del universo. Si lo recuerda todo, tiene 13.700 millones de años de recuerdos dentro de cada molécula. Esto puede verse expresado en el Manantial de Mímir, el pozo que contiene una de las raíces de Yggdrasil en Jötunheim. Cualquiera que beba de él adquiere una inmensa sabiduría; la sabiduría adquirida tras miles de millones de años de recuerdos.

Puede invocar la runa laguz para obtener más sabiduría, como hizo Mímir cuando bebió de este pozo. Consiga un cubo, cuenco, botella u otro recipiente que contenga agua. Grabe la runa en el exterior y luego llénelo de agua potable limpia. Déjelo reposar durante 24 horas, para dar tiempo a que la runa impregne el agua con los rasgos del laguz. Cuando hayan pasado las 24 horas, beba el agua. Asegúrese de beberla toda. La runa debería haber desbloqueado los recuerdos del agua, que aumentarán su propia sabiduría mientras recorre su cuerpo. No llegará a ser tan sabio como Mímir, pero debería sentirse al menos un poco más sabio de lo que era antes.

◆ **Ingwaz**

Significado: Semilla

Representa: Génesis, creación, evolución

Se cree que Ingwaz o Yngvi era un nombre más antiguo del dios Freyr. Como dios de la fertilidad, tiene sentido que su runa tuviera el significado de "semilla". Representa el comienzo de la vida pero también puede ser el inicio de un viaje o empresa. La runa ingwaz se utiliza a menudo en referencia a la agricultura y al inicio de la temporada de siembra. También se utiliza para denotar el comienzo de una nueva vida, como cuando alguien tiene un nuevo bebé.

Puede invocar la runa ingwaz para pedir al dios Freyr su bendición para cualquier nueva vida. Si desea su bendición para un recién nacido, coloque la runa en algo que pueda colgar sobre la cuna del bebé, como un objeto de un móvil. También puede coser la runa en una manta para que el bebé la lleve consigo. Esto asegurará que Freyr vele por el recién nacido y lo mantenga sano mientras comienza su andadura en este mundo.

ᛞ Dagaz

Significado: Amanecer

Representa: Iluminación, despertar, paradoja

Dagaz representa el concepto de amanecer, cuando el sol regresa por primera vez tras el paso de la noche y baña la tierra con sus rayos dorados. Esto también puede tomarse metafóricamente, como alcanzar un estado de iluminación o despertar a un nuevo mundo de verdades que antes le estaban vedadas. En la mitología nórdica, el dios Dellingr es la personificación del amanecer y, por tanto, está asociado a la runa dagaz.

Puede utilizar la runa dagaz si busca algún tipo de iluminación. Quizá esté estudiando un tema o simplemente buscando una verdad interior sobre usted mismo. Consiga siete objetos de idéntico carácter e inscriba la runa en ellos. Coloque cada objeto a su alrededor, procurando que estén a la misma distancia de usted y entre sí. Permanezca dentro de los límites del círculo mientras medita o estudia. Las runas desbloquearán una energía que aumentará su mente y le acercará a la iluminación más de lo que estaba antes.

ᛟ Othala

Significado: Herencia

Representa: Legado, patrimonio, patria

Othala se asocia con la idea de legado, tanto en riqueza y bienes materiales como en conocimientos. La sociedad crece dejando a las generaciones futuras los frutos de todo aquello por lo que nos hemos esforzado a lo largo de nuestra vida. A menudo no viviremos para ver las recompensas de las cosas que empezamos, pero nuestros hijos o los hijos de nuestros hijos acabarán obteniendo sus beneficios. Piense en algo como la catedral de Notre Dame en París, Francia. El rey Luis VII comenzó a construirla en 1163, pero no se terminaría hasta 182 años después. Pasaron muchas generaciones antes de que el pueblo pudiera disfrutar de los beneficios de este enorme edificio bellamente construido. En aquella época habría sido imposible que la catedral se construyera en una sola vida, así que la única razón para comenzar siquiera el proyecto era que las generaciones futuras tuvieran acceso a ella.

Puede invocar la runa othala para fortalecer su legado. Grabe la runa en una gran piedra y entiérrela en las profundidades de su propiedad. El poder de la runa ligará su propiedad a su línea de sangre, asegurando que pueda transmitir su legado a sus herederos. Los asuntos de herencia ya no son tan polémicos como antes, cuando las familias iban literalmente a la guerra por lo que se dejaba. Usted no quiere que eso ocurra, aunque sea en menor medida, así que utilice la runa othala para asegurarse de que habrá una transición fluida de la herencia a sus herederos.

Capítulo 7: Los diferentes tipos de magia rúnica

Existen muchos tipos diferentes de magia rúnica: escrituras rúnicas, talismanes rúnicos, runas ligadas e inscripciones rúnicas. La esencia de toda la magia rúnica es predecir el futuro, crear una forma de protección, lanzar hechizos, curar enfermedades y otorgar amor. Puede alcanzar estos objetivos con cualquier forma de magia rúnica, así que encuentre aquella con la que se sienta más cómodo y comience a practicar sus inscripciones y hechizos.

Inscripciones rúnicas

Cuando se deletrea una palabra con runas, esa palabra adquiere poder. Cuando los paganos nórdicos terminaban de crear una inscripción rúnica, la finalizaban indicando quién la había escrito. Firmar su trabajo de esta forma creaba una conexión mágica entre el tallador de runas y su escritura. Un método sencillo de utilizar las runas para la magia es escribirlas en filas, también conocidas como "inscripciones rúnicas". Las inscripciones rúnicas se componen de una combinación de runas diferentes, que requieren al menos dos para funcionar. Una inscripción rúnica que puede mejorar su aptitud mágica incluiría Laguz, Perdhro, Ansuz y Kenaz.

Las inscripciones rúnicas pueden grabarse en artículos como herramientas, talismanes u objetos de gran valor emocional para usted. Puede crear inscripciones rúnicas permanentes grabándolas en objetos personales, como muebles, joyas, recuerdos y reliquias familiares. También puede inscribirlos en objetos menos permanentes, como una losa de madera o una vela. Los materiales que elija para grabar su inscripción rúnica son importantes porque se trata del recipiente que transmitirá su hechizo entre los reinos. Cada tipo de material tiene su propia frecuencia energética, que a veces puede alterar la fuerza y la conductividad de su inscripción rúnica. Los materiales naturales como los metales no aleados, la madera y la piedra son excelentes conductores de la energía rúnica. En cambio, los materiales fabricados por el hombre, como el plástico o los metales aleados, casi no tienen energía rúnica.

Cuando queme una inscripción rúnica para enviar su energía al mundo, lo mejor es utilizar una olla de fuego, un cenicero o un quemador de incienso. Intente limitar el tamaño de los objetos que queme, como pequeños trozos de papel, madera o pergamino. Cuando queme madera, déjala encendida solo durante un breve espacio de tiempo. Puede terminar el proceso triturando el resto a mano hasta convertirlo en polvo. Los árboles y la madera ocupan un lugar de gran estima en el paganismo nórdico debido a que Yggdrasil, el Árbol del Mundo, es un elemento central de su cosmología. Utilizar madera o corteza para las inscripciones rúnicas es una forma estupenda de potenciar la señal de sus hechizos.

Tallar las inscripciones de las runas directamente en el tronco de un árbol es aún mejor, ya que todos los árboles están conectados a través de sus raíces en la tierra a Yggdrasil, y esto conducirá su hechizo directamente a través del Árbol del Mundo a cualquier reino al que quiera que vaya. Sin embargo, nunca utilice ningún tipo de aceite para inscribir las escrituras rúnicas en el árbol en lugar de grabarlas en la madera. El uso de aceites se considera un sacrilegio para los paganos nórdicos, ya que recuerda a los aceites tóxicos utilizados por el embaucador elfo oscuro Gauðvr en un intento de envenenar a Yggdrasil en la raíz situada en el pozo de Hvergelmir.

Talismanes rúnicos

Los talismanes rúnicos son como tener un hechizo prefabricado listo para usar en cualquier momento. Son manifestaciones físicas de la magia rúnica que puede realizar. Para crear un talismán rúnico, primero debe construirlo y luego cargarlo con energía rúnica. La mayoría de los talismanes están hechos de varias facetas diferentes de la magia, incluida la inscripción rúnica. Cuando construya su talismán, podrá decidir a qué propósito servirá su amuleto.

Una vez que haya decidido la finalidad de su talismán, elija tres, cinco, siete o trece runas que estén relacionadas con su objetivo. Por ejemplo, supongamos que desea un amuleto que le conceda éxito durante un viaje de negocios. En ese caso, podría utilizar fehu para la riqueza, algiz para la protección y raidho para los viajes. Escríbalos primero en secuencia para potenciar la inscripción de la runa. Sin embargo, después tendrá que combinar todas las runas en un único símbolo para aplicar el amuleto a su talismán. Algunas formas de hacerlo incluyen superponer unas sobre otras, conectar los extremos de las runas para que fluyan unas dentro de otras, o colocar las runas individuales para crear un símbolo totalmente único.

Deberá tomarse su tiempo y planificar exactamente cómo quiere que estén dispuestas las runas. Si lo hace demasiado al azar, dejando alguno de los símbolos sin conectar, el amuleto será inútil. También debe tener en cuenta las características estéticas y de diseño del símbolo que cree. El símbolo debe estar equilibrado de alguna manera, por lo que puede mantener la simetría de los símbolos o utilizar contrapuntos asimétricos para mantener la energía armonizada.

Una vez forjado su símbolo para el amuleto, tendrá que decidir en qué soporte desea inscribirlo. El papel puede funcionar, pero su naturaleza endeble y fácil de romper no lo convierte en un buen talismán. El amuleto permanecerá en vigor mientras el talismán sobreviva intacto, por lo que debe evitarse utilizar un material propenso a rasgarse o romperse. La madera, la piedra o los metales no aleados son todas buenas opciones, ya que tienen muchas más posibilidades de durar más tiempo debido a su durabilidad.

Mientras elabora su talismán, escriba el símbolo que ha creado en un trozo de tela o papel antes de grabarlo en la superficie del propio talismán. Cuando haga esto, queme la tela o el papel, recoja todas las cenizas y espolvoréelas sobre su talismán. Esto desbloqueará la energía rúnica almacenada en el símbolo. Si desea reforzar el encanto de su talismán, también puede añadir un poco de su sangre. Solo tiene que mezclar una gota de sangre con un poco de tinta roja, pintura o colorante, y trazar con ella sobre el símbolo después de haberlo rociado con las cenizas.

Si decide hacer un talismán de papel para un amuleto temporal, deberá quemarlo cuando esté listo para utilizarlo. Esto le proporcionará una poderosa ráfaga de magia, ya que la energía rúnica se libera de golpe. Recuerde, sin embargo, que la magia se disipará casi tan rápido como apareció. No tendrá mucho tiempo para aprovechar esta ráfaga de magia, así que aproveche al máximo el poco tiempo que tiene con ella. También es importante que tenga en cuenta cuándo y dónde utiliza su talismán. Uno permanente será más eficaz cuando lo lleve puesto o lo tenga a mano. Cuanto más lejos esté de su talismán, más lenta y menos potente será la magia.

Runas ligadas

Las runas ligadas son una combinación de dos o más runas vinculadas entre sí con el fin de utilizar la magia rúnica. Se pueden convertir en amuletos o sigilos o amuletos que le ayuden a lanzar hechizos mágicos. La escritura rúnica que utilice determinará los efectos precisos que poseerá su runa ligada. Se diferencia de los talismanes rúnicos en que las runas ligadas suelen ser secuencias cortas.

Tipos de runas ligadas

Existen dos tipos de runas ligadas que su forma puede clasificar en:

Runas lineales

Las runas ligadas lineales se colocan en línea recta, como su nombre indica. La dirección en la que se alinean puede hacerse de dos maneras:

Runa apilada

Las runas ligadas de forma lineal apilada son la variante más común. Se crean mediante dos o tres runas adyacentes que se unen para crear un único símbolo, generalmente a lo largo del trazo vertical. Las runas de enlace lineal apiladas se utilizan a menudo para manifestar algo en la realidad.

Runas ligadas en un solo pentagrama

Las runas ligadas en un solo pentagrama son una secuencia de letras rúnicas escritas en un orden específico a lo largo de una línea de trazo común, lo que da como resultado un largo pentagrama. La runa ligada en un solo pentagrama puede ser muy larga, ya que estará en línea recta con una orientación horizontal o vertical. Las runas ligadas en un solo pentagrama pueden utilizarse para ayudarle a resolver un problema.

Runa radial

Las runas radiales combinan los tallos de los símbolos en un punto central compartido, pero no están colocadas linealmente. Piense en ello como si uniera el borde de la runa al centro de un círculo, pudiendo colocar los símbolos en cualquier lugar a lo largo del radio. Muchos amuletos y sigilos defensivos utilizan el diseño de runa radial.

Creación de una runa ligada

Cuando esté listo para crear una runa ligada, deberá decidir qué runas desea utilizar y cómo desea combinarlas. Esto afectará al comportamiento de su hechizo, por lo que es importante asegurarse de que comprende realmente sus significados y lo que representan. Algunas runas tienen características pasivas u ocultas que podrían causar efectos no deseados a su hechizo final de runas ligadas, por lo que querrá asegurarse de que ha considerado cuidadosamente todos los posibles resultados que pueden surgir de la combinación de runas que ha elegido.

Cuando esté listo para empezar a crear su runa ligada, debe seguir estos pasos:

Decida lo que quiere conseguir

Lo primero que debe hacer es fijar un objetivo para su hechizo de runas ligadas. La visualización es una parte importante de la manifestación, y dejar claras sus intenciones escribiéndolas o diciéndolas en voz alta puede ayudarle a centrar la magia en el resultado deseado. Asegúrese de que su intención no sea confusa o confusa. Dedique algún tiempo a refinar la expresión de su objetivo escribiéndola o hablándola en voz alta y editándola después para recortar cualquier parte innecesaria o lenguaje poco claro. Puede hacer esto tantas veces como necesite hasta que esté seguro de que sus intenciones son claras y concretas.

Elija sus runas

Ahora elegirá entre 2 y 5 runas para utilizar en su runa ligada. Si nunca ha hecho una runa ligada, lo mejor es empezar poco a poco. Intente elaborar una secuencia sencilla de dos runas con un efecto de hechizo básico, como naudhiz y fehu. Se trata de un hechizo para cuando necesite buena suerte. A medida que adquiera más destreza en la elaboración de inscripciones de runas, podrá intentar hacer hechizos más complicados con efectos más fuertes.

Diseñe su runa ligada

Esboce tantas ideas como pueda para el diseño de sus runas. Dese muchas opciones entre las que elegir. A medida que vaya seleccionando partes de varios diseños y combinándolas entre sí, podrán surgir nuevas disposiciones. Tenga cuidado de que la orientación de sus símbolos no dé lugar a la formación accidental de una runa con un significado diferente.

Elija sus materiales

Supongamos que está intentando elaborar una runa ligada permanente. En ese caso, querrá seleccionar un material duradero que no se dañe o destruya fácilmente. La madera, la piedra o los metales no aleados son opciones populares. Si desea hacer una runa ligada que vaya a utilizar en un futuro inmediato, el cartón o el papel pueden funcionar suficientemente bien. Tenga en cuenta que si pretende llevar o conservar su runa ligada con usted, debe ser algo que pueda transportar fácilmente y que no interfiera en su rutina diaria. Las joyas como los colgantes o las pulseras son discretas, así que añadir sus runas a los objetos que lleva normalmente evitará que las olvide.

Realice el ritual de ligadura

Puede comenzar el ritual de ligadura cuando haya terminado los pasos anteriores y tenga todos sus materiales listos para el proceso de creación. Prepare el espacio en el que va a realizar el ritual. Esto puede incluir cosas como velas, incienso o aceites esenciales. Pase de 10 a 15 minutos en su espacio ritual para sintonizar su espíritu con la energía de la habitación. Medite sobre su objetivo y visualice los resultados que espera de su runa ligada.

Con su espacio ritual preparado y su mente y espíritu despejados, puede empezar a inscribir sus runas en el material elegido. Inscriba cada una por separado en lugar de intentar hacerlo todo a la vez. Mientras inscribe las runas, concéntrese en sus intenciones y en el significado de la runa en la que esté trabajando en ese momento. Puede decirlo en voz alta, escribirlo y tenerlo a su lado, o simplemente repetirlo en su mente. Una vez completada su tarea, puede ofrecer su agradecimiento a los dioses y diosas mediante un pequeño sacrificio.

Pruebe su runa ligada

Ahora que tiene una runa ligada cargada de energía rúnica, *es el momento de probarla*. Mientras la lleva puesta o la mantiene cerca, realice algunas pruebas para ver cómo resuena la energía. Debería poder sentir la frecuencia de la runa ligada en sincronía con la energía de la habitación y con su propia energía. Si siente que algo no está bien, como que las longitudes de onda no se alinean correctamente, retire la runa ligada y deshágase de ella. Tendrá que crear una nueva porque intentar arreglar una runa ligada ya elaborada y bendecida puede causarle daños metafísicos a usted o a su hogar.

Inscripciones rúnicas

En las antiguas inscripciones del Futhark Antiguo aparecen un puñado de palabras que a menudo se repiten lo suficiente como para que los estudiosos sospechen que eran conjuros mágicos. Puede utilizar estas palabras en sus propias inscripciones, como en sus talismanes o runas ligadas.

ᚨᛚᚢ

Palabra: Alu

Runas: Ansuz/Laguz/Uruz

Traducción: Cerveza

Propósito: Se cree que la inscripción de "alu" conecta los reinos de los vivos y los muertos. Puede utilizarse para consultar a los antepasados muertos, por ejemplo, si necesita consejo sobre una decisión que afectará a toda la familia. La cerveza, u otras bebidas alcohólicas similares, se utiliza a menudo en los rituales de bendición cuando se vierte una libación como sacrificio a los dioses. Es posible que la asociación con la cerveza represente la realización de un sacrificio para entrar en contacto con el reino de los muertos.

ᛚᚨᚢᚲᚨᛉ

Palabra: LaukaR

Runes: Laguz/Ansuz/Uruz/Kenaz/Ansuz/Algiz

Traducción: Puerro o ajo

Propósito: Durante la época en que esta palabra habría sido desarrollada e inscrita por primera vez, los chamanes y druidas utilizaban puerros y ajos para tratar heridas y enfermedades. Por esta razón, "laukaR" invoca las propiedades medicinales de los puerros y el ajo para un hechizo curativo.

ᚠᚢᛇᚠ

Palabra: Auja

Runes: Ansuz/Uruz/Jera/Ansuz

Traducción: Buena suerte

Propósito: Esta inscripción pretende bendecir al escriba con buena suerte, en particular con el dinero y las posesiones. Es una versión más específica de un hechizo de suerte estándar.

ᛚᚨᚦᚢ

Palabra: Lathu

Runes: Laguz/Ansuz/Thurisaz/Uruz

Traducción: Invitación

Propósito: La inscripción "lathu" sigue siendo algo misteriosa, pero se cree que implica un método para llamar a las fuerzas sobrenaturales.

ᛟᛏᚠ

Palabra: Ota

Runes: Othala/Teiwaz/Ansuz

Traducción: Miedo

Propósito: Esta palabra se utiliza para proteger a los recién fallecidos. Un objeto con la inscripción "ota" se entierra con el cadáver. Este hechizo aleja cualquier fuerza malévola a través del poder del miedo.

Capítulo 8: Cómo practicar la adivinación rúnica

La adivinación rúnica, también conocida como tirada o lectura de runas, es un método de predicción del futuro que utiliza las runas del Futhark Antiguo. Las runas pueden extraerse de un juego al azar y colocarse en un patrón, tirarse sobre un tablero de predicción con áreas marcadas para acontecimientos pasados, presentes y futuros, o se tiran piedras sobre un mapa con las runas configuradas en un círculo. Ambos procesos se conocen como "tirada de runas". Utilizando una ayuda adivinatoria, puede interpretar los resultados para obtener orientación sobre una decisión que deba tomar o problemas que tenga en su vida.

Es importante tener en cuenta que no recibirá respuestas directas, por lo que preguntar por los números ganadores de la lotería o el nombre de su futuro cónyuge no funcionará. Tampoco le aconsejarán qué medidas debe tomar en una situación determinada. Las runas le guiarán indicándole cómo puede determinar una solución por sí mismo.

Por ejemplo, si le han ofrecido un trabajo con un salario mucho más alto, pero es en una empresa a cuyas prácticas usted se opone, las runas no le dirán que acepte el trabajo o que lo rechace. En su lugar, trazarán un camino que le conducirá hacia la introspección y la autorreflexión para que pueda averiguar qué es más importante para usted, si tener seguridad económica o no comprometer su moral. Solo usted puede responder directamente a esa pregunta.

Existen muchos métodos diferentes de adivinación rúnica, como la adivinación con una sola runa, la adivinación con dos runas, la adivinación con tres runas, la adivinación rúnica vertical y la adivinación rúnica horizontal. Cada uno tiene sus propias características, puntos fuertes y puntos débiles. El propósito detrás de sus esfuerzos de adivinación rúnica puede ayudar a determinar qué método elegir. Suele ser una buena idea empezar con el sistema más básico y, a medida que se familiarice con el funcionamiento de la adivinación rúnica y la interpretación de los resultados, podrá pasar a los sistemas con un mayor nivel de dificultad para dominar.

Adivinación con una sola runa

La adivinación de una sola runa es la forma más básica de predicción rúnica y una buena manera de iniciarse para los principiantes. Puede aprender los conceptos y prácticas fundamentales de la adivinación rúnica y adquirir cierta experiencia con el funcionamiento del sistema. También puede ayudarle a afinar sus habilidades de interpretación, ya que solo tendrá que preocuparse de leer una única runa. Para realizar este tipo de tirada rúnica, solo tiene que colocar su juego de 24 runas en una bolsa, pensar en una pregunta con una respuesta de sí o no y, a continuación, sacar la runa.

Adivinación con dos runas

La adivinación con dos runas consiste en sacar dos runas de su bolsa e interpretar el significado a partir de la combinación de sus rasgos. Aunque es un poco más complicada de interpretar que la adivinación con una sola runa, utilizar el método de la doble runa puede ayudarle a adquirir más práctica con sus interpretaciones sin abrumarle con el uso de un mayor número de runas antes de estar preparado.

Adivinación con tres runas

La adivinación con tres runas consiste en colocar un tablero dividido en tres secciones iguales: pasado, presente y futuro. Alternativamente, puede utilizar un tablero dividido en situación, acción y resultado. A continuación, sacará 3 runas de la bolsa que contiene su juego y las lanzará sobre el tablero. Las runas pueden interpretarse utilizando una ayuda adivinatoria en función de la sección en la que caigan.

Como ejemplo, digamos que su tirada da como resultado tener ehwaz y perdho en la sección del futuro y berkano en la sección del pasado. Una forma en que podría interpretar esto es que usted se irá de viaje a algún lugar en algún momento del futuro, debido a que ehwaz representa los viajes. Se arriesgará en algo, ya que perdho representa el azar, y algo en su pasado le ha hecho necesitar un renacimiento o un nuevo comienzo, ya que berkano se asocia con el renacimiento y la renovación.

Afinando la interpretación, podría leerlo como que va a emprender un viaje a un lugar en el que puede correr un gran riesgo, y que dondequiera que vaya compensará algo de su pasado que le ha estado impidiendo seguir adelante. Con aún más refinamiento, podría adivinar una lectura muy específica. Por ejemplo, apostará en Las Vegas, y como nunca pudo celebrar allí una despedida de soltero, este viaje le compensará por ello.

Adivinación rúnica vertical

La adivinación rúnica vertical consiste en sacar tres runas al azar y colocarlas una encima de otra. De arriba abajo, el primer punto representará el pasado, el segundo el presente y el último el futuro.

Adivinación rúnica horizontal

La adivinación rúnica horizontal consiste en extraer tres runas al azar y colocarlas una al lado de la otra en una línea horizontal. De izquierda a derecha, el primer punto representará el futuro, el segundo el presente y el último el pasado.

Adivinación basada en patrones

La adivinación basada en patrones consiste en extraer un número determinado de runas al azar de una bolsa y colocarlas en un patrón predeterminado. Cada punto del patrón representará diferentes aspectos de su lectura. Además de los puntos estándar de pasado, presente y futuro, puede haber puntos para cosas como influencias en el pasado y el presente, posibles problemas que podrían afectar a su lectura, acciones futuras, un resultado futuro, sus emociones y la acción necesaria para obtener el mejor resultado posible para usted.

Adivinación a través de un mapa de runas

Utilizar un mapa de tirada de runas es esencialmente lo mismo que sacar runas de una bolsa en lo que se refiere a la mecánica que hay detrás de estos sistemas. Sin embargo, con un mapa, las runas estarán en el propio mapa, dispuestas en un patrón circular con secciones de igual tamaño para cada runa. En una versión más avanzada de este sistema, la sección de cada runa puede dividirse a su vez en rasgos individuales asociados a esa runa. A continuación, utilizará algo parecido a guijarros o dados y los lanzará sobre el mapa. Podrá interpretar los resultados cuando vea en qué parte del mapa han caído.

Capítulo 9: Guía de las diferentes tiradas de runas

Aquí tiene una lista de los diferentes tipos de tiradas de runas que puede utilizar cuando haga lectura de runas:

La tirada de Wyrd

Esta es la tirada más básica, ya que solo implica una única runa. Haga una pregunta, saque una runa de su bolsa y colóquela justo delante de usted.

La tirada de las Tres Nornas

Esta tirada consiste en extraer 3 runas y colocarlas en una línea horizontal. De izquierda a derecha, la primera runa le indicará qué acciones realizadas en el pasado han dado lugar a su situación actual. La segunda runa caracteriza sus problemas actuales para que pueda comprender mejor sus causas subyacentes. La tercera runa le ofrece una visión del futuro, sugiriéndole el resultado más probable si los acontecimientos continúan por el mismo camino en el que se encuentran actualmente.

La tirada de los cuatro enanos

Esta tirada es similar a la de los Tres Nornas, pero usted añade una cuarta runa y las coloca en forma de signo más. La runa superior le dirá cuáles de sus acciones le han llevado a este punto. Piense en ella como la runa de la "causa raíz". La runa de la derecha describe las acciones actuales que está llevando a cabo y que han influido en la situación. La runa de la izquierda le indica qué acciones llevadas a cabo por otros están influyendo en la situación. En la parte inferior, la runa le revelará una verdad oculta sobre la situación, señalándole una acción o motivo del que no era consciente, pero que ha influido significativamente en su situación.

La tirada de los Cinco Dioses Vikingos

Esta tirada tiene la misma disposición que la Tirada de los Cuatro Enanos, pero se colocará una runa adicional en el centro de la forma. La runa inferior le mostrará las influencias básicas que pueden afectar a su pregunta. La runa izquierda señalará cualquier problema que pueda interferir con la pregunta. La runa superior indica las influencias positivas que pueden cambiar el significado de su pregunta. La runa izquierda le dará la respuesta inmediata a la pregunta. Por último, la runa central predice cualquier influencia en el futuro que pueda afectar a su pregunta.

La tirada de los Siete Hijos de Odín

Esta tirada está dispuesta en forma de "V". La runa superior izquierda indica las influencias anteriores en relación con su pregunta. La runa siguiente le informa sobre las influencias presentes en relación con su pregunta. La runa siguiente le revela las acciones que pueden emprenderse en el futuro en relación con su pregunta. La runa del centro, en la parte inferior de la "V", le informa de qué acción debe emprender para alcanzar el mejor resultado posible para usted. La runa situada a la derecha del centro expresa sus emociones acerca de la pregunta. La siguiente runa le informa sobre los posibles problemas que podrían interferir en su pregunta. Por último, la runa superior derecha marca qué resultados puede esperar en el futuro en relación con su pregunta.

La tirada del año rúnico

Esta tirada solo debe utilizarse una vez al año, normalmente al comienzo de un nuevo año. Para esta tirada de adivinación utilizará una cuadrícula de 3 x 8. Empezando de derecha a izquierda, cada punto de la primera fila incluirá:

1a Runa: El camino hacia el dinero y la prosperidad
2ª Runa: Mantener su salud física y su fuerza interior
3ª Runa: Éxito en la defensa contra la destrucción
4ª Runa: El camino para adquirir sabiduría e inspiración
5ª Runa: La trayectoria de sus opciones vitales actuales
6ª Runa: La sabiduría que aprenderá en el futuro
7ª Runa: Nuevas habilidades que aprenderá y dones que recibirá
8ª Runa: El camino para encontrar la paz y la felicidad

La segunda fila:

1ª Runa: Cambios necesarios en el futuro
2ª Runa: Lo que necesitará para alcanzar sus objetivos
3ª Runa: Obstáculos que pueden interferir en sus esfuerzos
4ª Runa: Sus éxitos y logros
5ª Runa: Desafíos que debe afrontar y decisiones que debe tomar
6ª Runa: Talentos ocultos que emergerán
7ª Runa: Situaciones importantes para su vida
8ª Runa: Su guía para el próximo año

La tercera fila:

1ª Runa: Sus asuntos legales y negocios
2ª Runa: Cómo lograr el crecimiento personal
3ª Runa: Sus relaciones para el próximo año
4ª Runa: Su estatus social
5ª Runa: Su estado emocional
6ª Runa: Su vida romántica y sexual
7ª Runa: Cómo lograr el equilibrio interior
8ª Runa: Qué activos se ganarán en el próximo año

Capítulo 10: ¡Haga sus propias runas!

Para realizar cualquier ritual de adivinación o de predicción rúnica, necesita tener un juego de runas para utilizar en estos rituales. Aunque siempre puede comprar un juego ya hecho, pueden costar una buena cantidad, dependiendo de la calidad y el tipo de material utilizado. La buena noticia es que no es difícil crear sus propias runas. Siga estos pasos y tendrá listo su propio juego de runas del Futhark Antiguo para su próximo ritual de adivinación.

Elija los materiales adecuados

Querrá fabricar su juego de runas con algo que dure bastante tiempo, por lo que elegir los materiales adecuados es una parte importante del proceso. Hay muchas opciones a su disposición, pero las más populares son las siguientes:

Guijarros o piedras

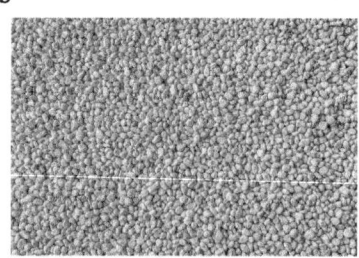

Puede inscribir runas en guijarros y piedras
https://pixabay.com/images/id-1307378/

Los guijarros o piedras pequeñas, planas y lisas funcionarán mejor, ya que le proporcionarán una superficie uniforme sobre la que inscribir las runas. Deben ser lo suficientemente lisas como para que no haya bordes ásperos que puedan afectar a su comportamiento cuando las lance durante el ritual de adivinación. El único problema es que puede resultar difícil grabar algo en piedra sin las herramientas adecuadas.

Madera

La madera es siempre una gran opción para sus runas. Se puede tallar fácilmente y no es difícil de encontrar ni cara. Con la importancia de los árboles en la mitología nórdica, tener esa conexión a través de sus runas puede reforzar la transmisión de la energía rúnica. La madera de cualquier árbol frutal es la elección óptima, pero cualquier cosa funcionará si la madera no es demasiado blanda o demasiado dura.

Arcilla

La arcilla es bastante fácil de moldear en cualquier forma que desee, por lo que utilizarla para crear sus runas puede ser una gran opción si sabe hacerlo correctamente. Es posible que la arcilla no se hornee correctamente si no dispone de un horno, dejándola demasiado quebradiza para utilizarla. Si puede hornearla correctamente, aplicar un vidriado para sellar la runa y evitar que se astille durante su uso sería una buena idea. Solo asegúrese de inscribir las runas antes de hornearlas o esmaltarlas, ya que cortarlas después comprometería su integridad estructural.

Huesos de animales

El uso de huesos de animales es muy controvertido. Puede que no sea fácil trabajar con ellos o inscribir las runas en ellos, pero si quiere tener runas de hueso de animal, asegúrese de que solo utiliza huesos de animales que murieron por causas naturales.

Inscribir las runas

Una vez que tenga 24 piedras rúnicas en blanco, podrá inscribir las runas en ellas. Tenga mucho cuidado durante este proceso, ya que no querrá desviarse de la forma de los símbolos rúnicos. Si el símbolo no está bien hecho, no podrá conducir la energía rúnica, y su conjunto será inútil. Intente dibujar primero las runas con un lápiz de carpintero. Esto le permitirá corregir cualquier error con antelación y le dará una guía mientras corta los símbolos en las piedras rúnicas.

Realice un ritual de consagración

Antes de poder utilizar su juego de runas en cualquier ritual de adivinación, debe realizar un ritual de consagración sobre él. Comience el ritual encendiendo una vela y colocando las 24 runas en el lado izquierdo de la vela. Concentre su mente en la tarea que tiene entre manos y declare sus intenciones de forma clara y concisa. Puede ser algo como: "Voy a consagrar estas runas para utilizarlas en mis rituales de adivinación".

Coja una sola runa y recite su nombre en voz alta. Piense en este nombre y en el significado que encierra la runa. Cuando haya terminado, pásela sobre la llama de la vela. Asegúrese de no acercarla demasiado al fuego. Una vez pasada la runa sobre la vela, colóquela en el lado derecho y repita el proceso con las otras 23 runas hasta que todas hayan sido transferidas al lado derecho. Ofrezca un rápido agradecimiento a los dioses y apague la llama. Ya tiene su propio juego utilizable de runas del Futhark Antiguo.

Conclusión

Después de leer este libro, deberá comprender el Ásatrú, la mitología nórdica, los alfabetos del Futhark Antiguo y el Futhark Joven, las ætts, la magia rúnica y las prácticas adivinatorias. Disponer de toda esta información en una sola guía resulta muy cómodo para los estudiantes de estos temas. Cada vez que necesite refrescarse sobre el significado de una runa determinada o sobre cómo realizar un ritual de adivinación, siempre podrá consultar este libro. A medida que avance en su viaje, hay algunos puntos clave que debe tener en cuenta:

- El ciclo de la vida, incluido el renacimiento, es un tema recurrente que aparece una y otra vez en la mitología nórdica, el alfabeto rúnico y el paganismo nórdico
- Debe dejar claras sus intenciones cuando realice cualquier tipo de ritual o magia
- Al elegir los materiales que utilizará con su magia rúnica, los naturales son siempre preferibles a los artificiales
- Las religiones del Ásatrú y el paganismo nórdico mantienen una creencia en el animismo, que sostiene que todo posee vida de alguna forma, por lo que debe tratar todo con respeto, incluso los objetos inanimados
- Se requiere una planificación adecuada siempre que se construyan inscripciones rúnicas, se fabriquen talismanes o se elaboren runas ligadas. Cualquier símbolo mal colocado puede hacer que su hechizo falle o, peor aún, causarle daño

- Cuando interprete sus tiradas de adivinación, tenga cuidado de considerar los resultados desde todos los ángulos, ya que malinterpretarlos puede acarrearle problemas

Todos estos temas tienen una rica historia y merece la pena profundizar en los aspectos que más le fascinen. Siempre hay algo más que puede aprender, así que, si descubre que le gustan la mitología nórdica, las runas y la adivinación, aún puede encontrar mucho más en lo que hincar el diente. Independientemente de las facetas que elija seguir estudiando, ahora tiene una base sólida sobre la que construir el siguiente paso de su educación.

Vea más libros escritos por Silvia Hill

Referencias

Byatt, A. S. (2012). Ragnarok: El fin de los dioses. Canongate Books.

Tiradas y lecturas. (2010, 6 de octubre). The Rune Site | Anteriormente la página de Ankou of Runes; The Rune Site. http://www.therunesite.com/casting-layouts-and-spreads/

Hall, J. (2018). Cuentos vikingos: Un libro de mitología y leyendas nórdicas - Folklore noruego, islandés y escandinavo. Lulu.com.

Holidays. (s.f.-a). The-Asatru-Community. https://www.theasatrucommunity.org/holidays

Kvilhaug, M. C. (2013). La semilla de yggdrasill: Descifrando los mensajes ocultos de los antiguos mitos nórdicos. Whyte Tracks.

Lale, E. (2020). Ásatrú: Guía para principiantes del camino pagano. Red Wheel/Weiser.

Loera Publishing. (2021). Cuaderno de trabajo de la lectura de runas: Guía de aprendizaje para la lectura de las runas (2ª ed.). Loera Publishing.

Magic Runes. (2004). Edda UK.

Miller, F. P., Vandome, A. F., y McBrewster, J. (Eds.). (2010). El futhark antiguo. Alphascript Publishing.

Asesinato de olver de eggja [parte 115]. (2011, 12 de octubre). Wisdomlib.org. https://www.wisdomlib.org/scandinavia/book/heimskringla/d/doc5353.html

Santa Monica Studio, Sony Interactive Entertainment. (2018). God of War.

Scott, J. (2020, 3 de diciembre). Una guía para principiantes sobre la mitología nórdica. Life in Norway. https://www.lifeinnorway.net/norse-mythology/

Shepherd, J. (Ed.). (2018). Mitología nórdica. Arcturus Publishing.

Sturluson, S., & Byock, J. L. (2004). La Edda prosaica. Penguin Classics.

Surhone, L. M., Tennoe, M. T., y Henssonow, S. F. (Eds.). (2010a). Aettir. Betascript Publishing.

Surhone, L. M., Tennoe, M. T., y Henssonow, S. F. (Eds.). (2010b). El futhark joven. Betascript Publishing.

La Edda poética (Trans. C. Larrington). (2008). Oxford University Press.

Wagner, R. (2012). El ocaso de los dioses. Tredition Classics.

Walker, C. V. (2022). Paganismo nórdico: Una guía para principiantes para aprenderlo todo sobre los reinos del paganismo nórdico. Explore los secretos de la magia nórdica y el chamanismo nórdico en el mundo. Independently Published.

Weebly Site. (n.d.). Weebly.com. http://odinicpeoplesfront.weebly.com/holidays-of-asatru.html

www.ingramcontent.com/pod-product-compliance
Lightning Source LLC
Chambersburg PA
CBHW070339010526
44107CB00004B/550